ECサイト×
ブランディング

株式会社フラクタ 著

はじめに

ECサイトの売上を伸ばすための、とびきりの秘策が欲しい！

Ｗｅｂリーダー、Ｗｅｂマネージャー、ＥＣ担当部長などなど、ちょっぴりかっこいい肩書で、ある日突然呼ばれるようになり、ネットショップ、ネット通販といったＥＣ（電子商取引）の売上アップを任されてしまった。とはいってもプロジェクトリーダーとは名ばかりで、専任はリーダーである自分だけ。どんな方向性でＥＣサイトをつくっていけばいいの？　どうやったら売上が伸びるの？

このような悩みをよく耳にします。デジタル領域を拡大するプロジェクトが動き出しても、どんなコンテンツ？　どんなデザイン？　と決めるべきことが多く、なかなかスムーズには進まないものです。

現に私たち株式会社フラクタがお手伝いしている会社で、デジタル領域の制作や運営に関わっている方全員が、同じような環境に置かれ、同じように悩み、困り果てていました。

デジタル領域とひとことでいっても、ECサイトにコーポレートサイト、ブランドサイト、それからSNSと、多岐にわたり、実店舗などアナログ領域との連携も考えなければなりません。誰でもアクセスできるWebサイトはお客様との重要な接点であり、会社の顔。経営者にも納得してもらえるよう説得し、外部の協力会社にサイトのディレクションをしなくてはいけない場面も出てきます。

プロジェクトリーダーであるあなたが、方向性を明確に打ち出して、プロジェクトを前に進めていく必要があります。しかし、社内外から、こんなことをいわれて困った経験、一度や二度ではないはずです。

・経営者から――ECサイトを新しくしたいのはわかったが、これでどんな成果を見込んでいるのか。資金を投じるからには数値で表してほしい。

・上司から――このデザインはイメージしていたのと何か違うな～、やり直してくれない？　そもそも俺たちの会社のいいたいことって、これだっけ？

・部下から――連載コンテンツを立ち上げるっていっても、何を載せたらいいのかわからないんですよ。それにSNSもネタ切れです。何でもいいからネタください！
・デザイナーから――また修正なんですか？　前回のものは何がいけなかったのか、よくわかりません。方向性がブレますよね。
・人事総務から――求人に応募してくる人が全然Webサイトを見てないみたいで、うちの考え方と全然違うことをいうんだよね。何とかならない？
・実店舗の販売員から――店舗の世界観とECサイトが合わない、とにかくダサい……ってこっそり思ってるんだよね！
・他部署の同僚から――素材くれっていうけど、また面倒な仕事が増えるだけじゃない？
・制作会社から――イメージと違う？　そういわれてもこれは、うちのトップデザイナーが考えたデザインなんです。変更したいとおっしゃるなら追加料金でご対応しますが……。

プロジェクトリーダー集中砲火、どちらを向いても責められてばかりのような気がしますが、世の中のプロジェクトリーダーのみなさんも同じ思いを経験しています。あなただけではありませんよ。

すでにこうした課題に直面している人も、これから直面する人も、できることならば、円滑に社内外を調整し、成果を出していきたいという願いは一緒です。「成功に導く秘策があったらぜひ知りたい」ですよね。

ブランディングこそ、とっておきの秘策

とっておきの秘策、あります。こうした課題、実は全部ブランディングで解決する可能性があります。うそのように聞こえるかもしれませんが、私たちがブランディングをお手伝いしてきた会社の実績から見ても、答えは、とてもシンプルなのです。プロジェクトリーダーに次々と襲いかかる課題、もしかするとブランディングに原因があるかもしれません。そして、ブランディングがうまくいっていない理由は、あなたの会社（ブランド）のあるべき姿や、お客様からの共鳴が得られているのかについてしっかりと向き合ってこなかったからかもしれません。

もしもこの〝ブランドの個性や、顧客との信頼関係〟にしっかりと向き合ってブランドが確立されていたら、ＥＣサイトの方向性も迷いがなくなり、課題の大半は解決できるはずなのです。


自分が働く会社の魅力、個性、存在意義は、どこにあると思いますか？

顧客からどのようなイメージを持たれているかという視点で、会社を見ていますか？

ブランドコンセプトに込められた意味、じっくり考えたことはありますか？


ＥＣサイトで成果を出すためにブランディングが大事だ、という結論に至るには、私たちフラクタにも紆余曲折がありました。

デジタル領域のブランディングを得意とするフラクタは、２０１３年に設立しました。２００４年にフラクタの代表取締役である河野貴伸が創業(設立は２００６年)した株式会社フルブライトから独立したかたちです。

フルブライトは、オープンソースのＥＣ向けコンテンツマネジメントシステム「EC-CUBE」の導入などをお手伝いするコンサルティングに主軸を置いています。つまりフラクタの原点は、ＥＣサイトの運用や開発といったところにあります。

創業当時は、楽天市場などモール型と呼ばれるＥＣサイトが台頭していて、競争も激化していました。そうした中で、自社でＥＣサイトを開設したい、という会社のお手伝いを始めました。

次第に企業が自社でＥＣサイトを持つことが当たり前になってくると、「ＥＣサイトをつくったけれど思うように商品が売れない。アクセス数が伸びない」といった相談を受けることが増えてきました。ＥＣサイトであれ何であれ、消費者にとっては自分のお金を使って買う大事な「買い物」。シビアな目が向けられて当然です。大量のＥＣサイトの中から、自社サイトを選び続けてもらうには、ただ単にＥＣサイトをつくるだけでは、うまくいかなくなってしまったのです。

売上が上がり続けるＥＣサイトのあり方について、試行錯誤を重ねていく中で、私たちは気付きました。少々乱暴ないい方をすれば、多少システムを変えたくらいでは売上は上がらないのです。自分たちのブランドに信頼を寄せてもらえるようになってはじめて、継続的に顧客が集まり、選ばれ続けるＥＣサイトになります。この気付きが、「ＥＣサイトにおけるブランディング」を突き詰めて考えていくきっかけになりました。

売上に直結するブランディング

時間と労力、それからお金をかければデザインがよくて、インパクトのあるECサイトはつくれます。しかし「とにかくかっこよく!」にこだわって、自分たちが目指すブランドのあるべき姿とズレてしまっては、顧客からの信頼は得られません。しかも労力をかければかけるほど、そのコストを回収するまでに時間がかかります。

ECサイトで売上をアップする、という商売人としての目線から、売上に直結するブランディングをしていきたい。こうした思いから、ブランディングエージェンシーのフラクタを立ち上げました。

ECサイトにおけるブランディングを考えるようになると、プロジェクトリーダーは迷いがなくなり、効率的に仕事ができるようになります。他社とは違うブランドの価値が、お客様に伝わって、ECサイトが信頼されるようになると、商品の売れ行きがよくなるだけではありません。プロジェクトリーダーが、自社のブランドならこの挑戦はやってみよう、この企画はＯＫ／ＮＧ、と線引きができるようになります。デジタル領域をハブにしながら、ブランディングに基づいて実店舗との調整を図ったり、商品パッケージやカタログを選定したり、といったことにも迷わないで済むようになるでしょう。新しいプロジェクトにも積極的に取り組むことができるはずです。

さらにＥＣサイトを見た外部の優秀な人材が集まるようになります。優秀な人材が集まれば会社の利益も伸びるというのは、いわずもがなだと思います。

ブランディングを進めていけば、ＥＣサイトをつくるからブランディングが必要だったのか、それとも、ブランディングのためにＥＣサイトが必要だったのか、その境目は感じられなくなるかもしれません。なぜならブランディングとは商売そのものであり、ＥＣサイトは自社の商品や自社の個性を印象づけ、ブランドを構築する場であるからです。ブランディングとデジタル領域はセットで考えるもの、一心同体であるということに気付くと思います。

先に触れたように、ある日突然、「ＥＣサイトをリニューアルだ！　ついでにブランディングも進めよう」といわれて、何のことだかわからないまま走らされ、ヘトヘトになって会社を去ってしまうプロジェクトリーダーは、たくさんいます。

ＥＣサイトの制作を通して、社内でもめてしまったり、結果が出せずに窮地に追いやられたり……。プロジェクトリーダーの、やるせない心の叫びを何度も聞いてきました。

こんなことになる前にブランディングの大切さに気が付いていたら……。

だからこそ「ブランディングが進むと、こんなにいいことがたくさんあるのか！」という感動にも似たスッキリ感を、一人でも多くの方に味わってほしいと思っています。

本書は、ＥＣサイトを中心に、コーポレートサイト、ブランドサイト、ＳＮＳの制作や運営に関わっている方、デジタル領域を含むすべての企業のブランディングに悩むプロジェクトリーダーに向けた本です。会社のデスク、パソコンの横に置いていただき、迷ったときに読み返して、ブランディングの原点に立ち返ってもらいたいと思ってつくりました。

みなさんが抱える悩みを一つでも解決したい。そのお手伝いになれば幸いです。

株式会社フラクタ

CONTENTS

第１章

なぜ、ECサイトでブランディングが重要？

ECサイトをつくるにあたって、必ず向き合わなければならないのが、ブランドの特異性やあるべき姿、顧客と築きたい信頼関係とはどういうものなのか、ということです。そもそもブランド、ブランディングとは何なのか？　なぜプロジェクトリーダーがブランディングを理解しなければいけないのか？　そして、ブランディングにはどんなメリットがあるのかについてお話しします。

1 ブランディングとは何のために行うのか

ブランディングとは商売そのもの

ECサイトにおけるブランディングの話に入る前に、ブランディングおよびブランドの定義を明確にしておきましょう。まず、私たちは**ブランディングとは、企業が生き残っていくための方策の一つであり、商売そのものであると考えています。**

間違いやすいですが、行為を指す「ブランディング」に対して「ブランド」は、商品やサービスを識別するための固有の銘柄を指します。ブランドには、企業に付される企業ブランドや、製品に対する製品ブランドがあり、他にはないそのブランドらしさは、消費者の購買行動に影響を及ぼします。

多くの企業が、ブランドを市場で確立するための活動、ブランディングに取り組まなければと思っているものの、ブランディングに対する理解は各社まちまちです。

ブランドのあるべき姿

まず、ブランディングができていないとはどういうことなのでしょうか。

エルメスやルイ・ヴィトンは、ブランド名を聞いただけで、ブランドロゴやデザインといった特徴がぱっと頭に浮かぶ人は多いでしょう。どこの国で生まれたブランドで、どんな著名人に愛されたといった、さらにマニアックなことまで挙げられる人もいるかもしれませんね。そのブランドの歴史や位置づけを私たちが知っているのはブランディングができているからなんです。

ブランディングができていないということは、他と区別できる差異がそもそもつくれていない、ブランドのあるべき姿（ブランド・アイデンティティ）を見いだしていてもそれを深く語れていない、また消費者がブランドに対して共鳴できるような、関係性を構築していく活動が足りていない、といったことが考えられます。

例えば、老舗と呼ばれる企業では、長い歩みの中で築かれた企業文化があり、従業員同士が漠然とブランド・アイデンティティを共有しているケースがあります。ただ空気のように当たり前のこととして存在しているので、社外に十分に発信していないこともあります。また従業員数が多い企業の場合は、ブランド・アイデンティティが社内でもブレやすいもの。積極的に共有、発信していく工夫が必要ですね。

デジタル領域は重要な顧客接点

ネットには膨大な情報が流れています。忙しい消費者がじっくりと情報に目を通してから商品を購入することは難しくなりました。**消費者のスキマ時間に、自社の商品やサービスを思い出してもらい、生き残っていくためには、他にはない独自性を出し、信頼関係を築き、愛着を持ってもらうというブランディングが不可欠になっています。**今まで実店舗やカタログといったアナログ領域では、それを行ってきたという場合でも、重要な顧客接点であるデジタル領域においても同じようにブランドを構築しなければなりません。いろいろな店舗や棚を見ながら、商品の購入を決められるリアルな買い物の環境と異なり、ＥＣサイトでは消費者に、より積極的にブランドを選んでもらう必要があります。

またデジタル領域は、ＥＣサイト、コーポレートサイト、ブランドサイト、ブログ、アプリ、ＳＮＳ……とチャネルが多岐に渡ります。そこで「コーポレートサイトとＥＣサイトではイメージが全然違う」、「実店舗の雰囲気は好きなのに、ＥＣサイトは安っぽい」などと思われてしまうと、消費者からの信頼が薄れることにもつながってしまうので、アナログ領域も含め、統一感を持たせることも大切になってきます。

顧客との信頼関係が最も大事

企業である以上、利益を上げなければいけません。時代と環境の変化により、競合他社も類似品も増え続ける一方です。その中で、他社ではなく自社のブランドを支持してもらうためには何が必要なのでしょうか。**ブランドの構築において一番重要なもの、それは顧客との信頼関係です。**

「あのブランドなら、よいものが必ず見つかる」

「あのブランドの商品なら間違いない」

「鞄を買うなら、絶対にこのブランドがいい」

そのように思ってもらえるよう、消費者を顧客へと導き、長く顧客であり続けてもらえるように関係性を保持・強化していくこと。顧客からの信頼を貯金のように企業に蓄えていくこと。そのために、デジタル領域のブランディングが大いに役立ちます。

POINT

ブランディングとは商売そのものであり、生き残るために必要なもの。顧客との信頼関係を築いていこう。

2 外見ではなく、中身が大事

焼印から始まった「ブランディング」

「ブランド（brand）」という言葉は、古ノルド語の「焼印する（brandr）」という言葉が語源という話は、ブランディングに関心をお持ちの方ならご存じかもしれませんね。

自分の飼っている牛のお尻に焼きごてを当てて、印をつけるのが焼印です。自分の所有物であることを表すために使用されました。「○○社の商品である」と区別するだけの印であったものが、その後、仕事や商品の品質を保証するマークへと変わっていきます。

19世紀に入るとアメリカでは、鉄道が発達するなど環境の変化によって大企業が成長していきますが、他の企業との競争に勝ち、自分たちのことを知ってもらうために銘柄や商標が重視されるようになっていきました。

そうした経緯から、アメリカではマーケティング教育の一環としてブランド戦略が体系的にまとめられていったと考えられます。その歩みをまとめたものが【図1】です。

ロゴマークをつくればブランディング？

ただ、人や会社によってブランディングに対する理解の違いは大きいようです。ロゴマークのような、視覚的要素を通じて、ブランドを印象づけることのみがブランディングと理解されているケースがあってもおかしくはありません。

現代はモノがあふれ、人口増加も見込めない状況です。市場が飽和しきっている中で、自分たちの顧客とは誰なのか、ターゲットをしっかりととらえ、その顧客がどのような接点で商品やサービスをチェックし、購入するのかといったプロセス（カスタマージャーニー、100ページ参照）を設計し、ブランドの価値を高めていかなければ、消費者の目に留まる機会すら得られないのが現状です。

「生き残るため」に、市場において自社のブランドの価値を高めていく、ブランディング活動が求められているのです。

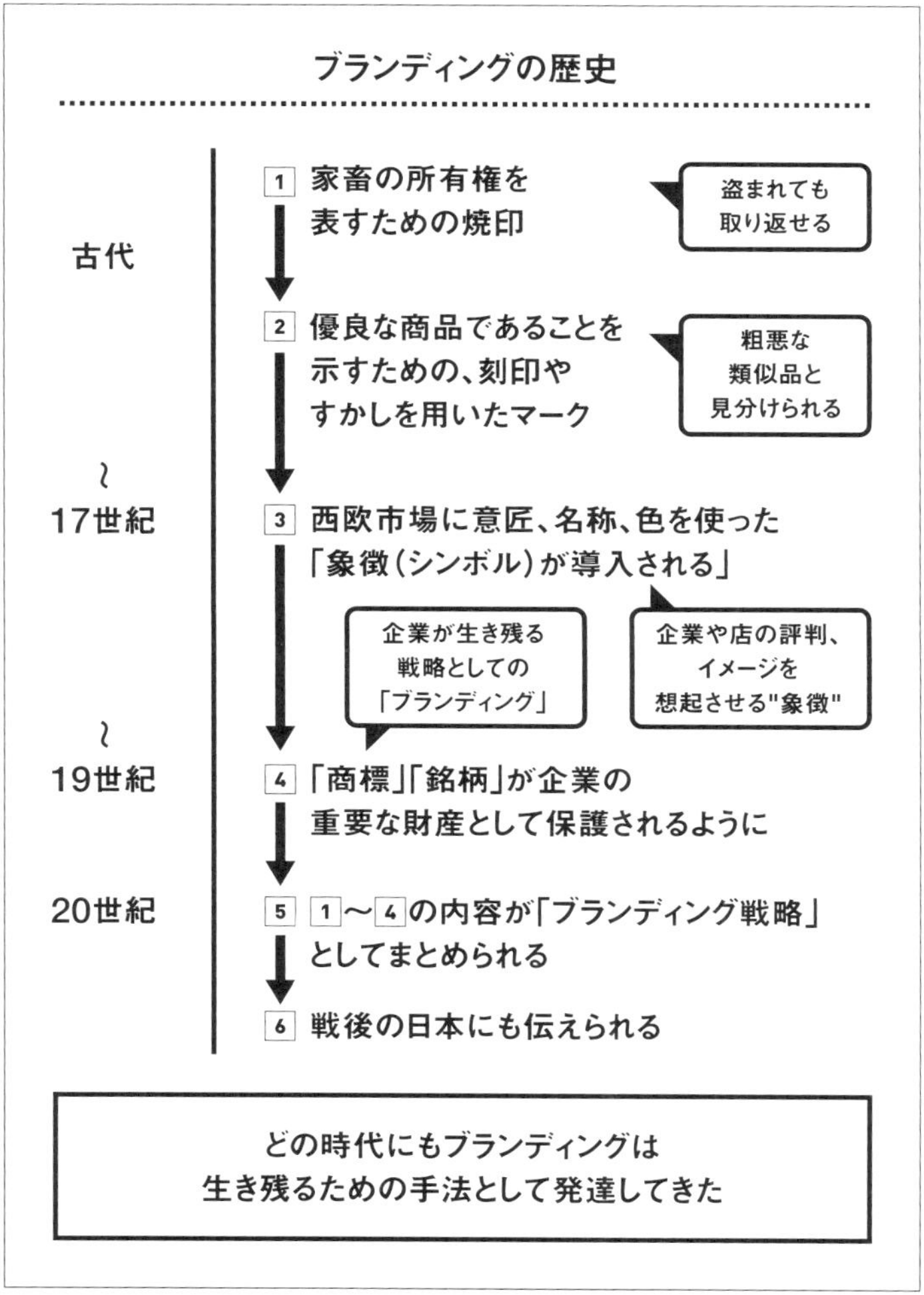

図1　ブランディングの歴史

ブランドは何でできている？

もう少しブランドを掘り下げてみましょう。ブランドとは、どんな要素で構成されているのでしょうか（【図2】）。

ブランドがブランドとして存在するためには、まず「これが自分たち＝ブランドです」という定義が必要です。商品やサービス、どんな人が売っているのか、客層はどうなのか。店構えや会社としてのメッセージなど、ブランドが他のブランドと区別されるための個性、存在意義といったものが定義になります。これらは、会社の特徴として多かれ少なかれ、先天的に備えているものです。図でいえば①と②にあたります。

そして、ブランドを消費者に認識してもらうためには、名前やシンボルマーク、色や言葉といったブランドを象徴する要素（③）が必要です。これらの要素が消費者に伝わることでブランドのイメージがつくり上げられます。そのイメージ（④）の積み重ねが、よい・好ましいものであったとき、消費者によるブランドへの信頼（⑤）が生まれます。

ブランドを信頼した消費者は、商品を購入するようになります。その購入を継続させ

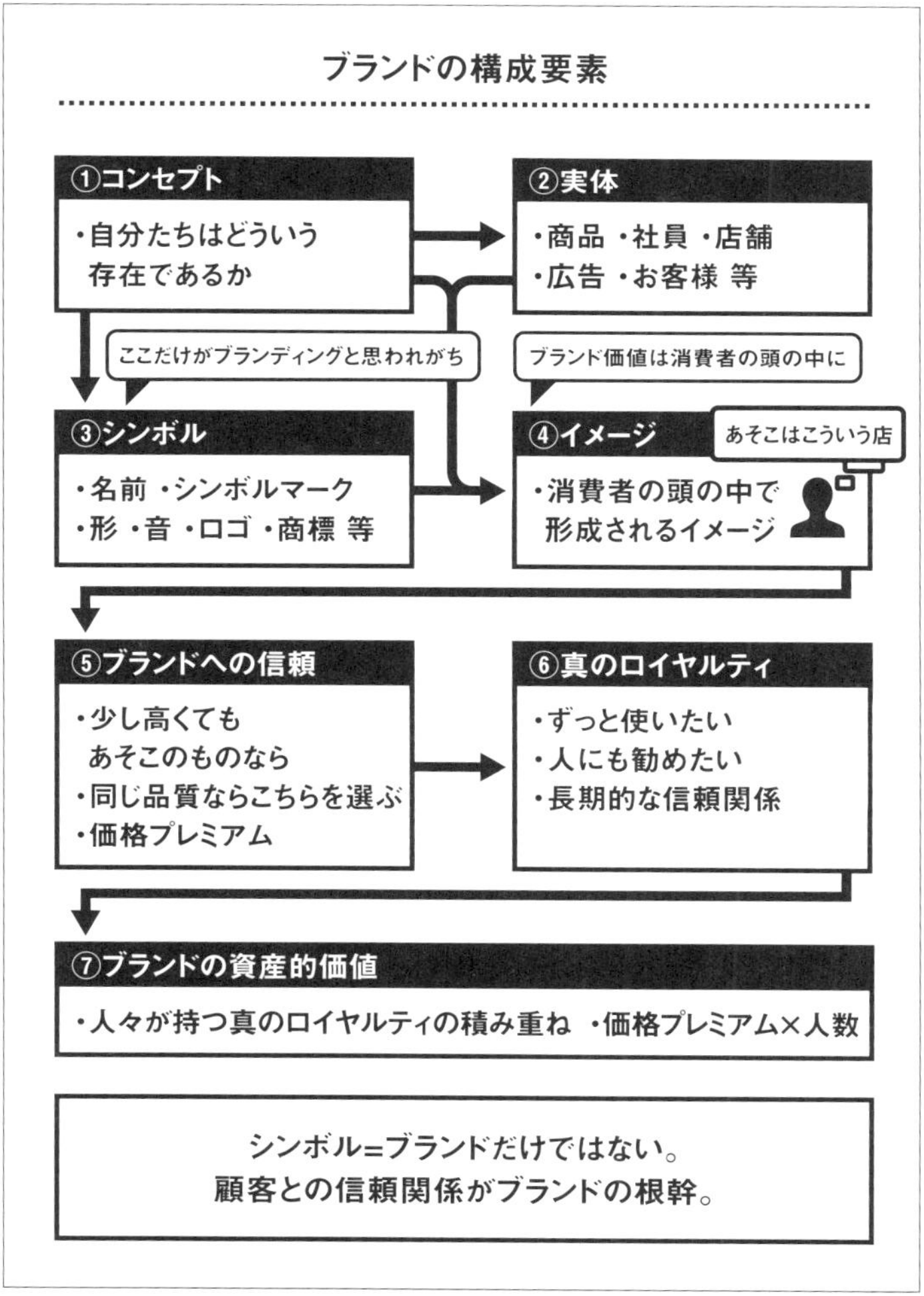

図2　ブランドの構成要素

ること、つまり単なる消費者から、ブランドに対する深い愛着を持った顧客へと昇華させていくことこそが、「真のロイヤルティ（⑥）」です。「安価である」、「たまたま買った」という動機では「真のロイヤルティ」とはいえません。「真のロイヤルティ」は、ブランドが長く続くための資産的価値といえますが、それはブランドと顧客の間に強い信頼関係があるから成立するのです。

ブランドを支えているのは、ロゴマークや、ブランドを象徴するカラーなど表面的に見えるモノ（外身）だけではなく、顧客との信頼関係です。そして、その真のロイヤルティの積み重ねがブランドの資産的価値（⑦）です。

POINT

ロゴマークをつくって終わるのではなく、ブランドに深い愛着を持った顧客を増やす活動をしよう。

3 ECサイトをブランディングの中心に

拡大するブランディングの領域

ＥＣサイトのプロジェクトリーダーとして売上アップを任されただけなのに、なぜ会社の中枢をなすブランドについても考えなくてはいけないのかと思うかもしれません。ブランディングが重要だとは思っているけれど、いまいちピンとこない……。というプロジェクトリーダー、多いのではないでしょうか。

先ほど述べたように、現代の市場は、デジタル領域が重要な顧客接点になっています。ＳＮＳで話題の店へ行く前にはスマホで下調べという方も多いでしょう。

購入を決める前、店に行く前に消費者がネットで情報を収集することに加え、ネットで商品を購入する傾向が加速していることを考えると、ブランドの価値を上げていくための活動の主戦場は実店舗、カタログ、パッケージなどのデザインといったアナログ領域だけでなく、ECサイトや、コーポレートサイトなどのデジタル領域にまでシフトしてきているのです（【図3】）。**むしろ、消費者の動向に合わせ、ECサイトを中心にブランディングを考えていくことで、企業全体のブランドのあり方を見直すこともできるのです。**

つまり、デジタル領域がブランディングの要になっているからこそ、ECサイトのプロジェクトリーダーがブランディングを担うことになるのです。

POINT

デジタルは重要な顧客接点。
消費者の動向に合わせ ECサイトをブランディングの中心に。

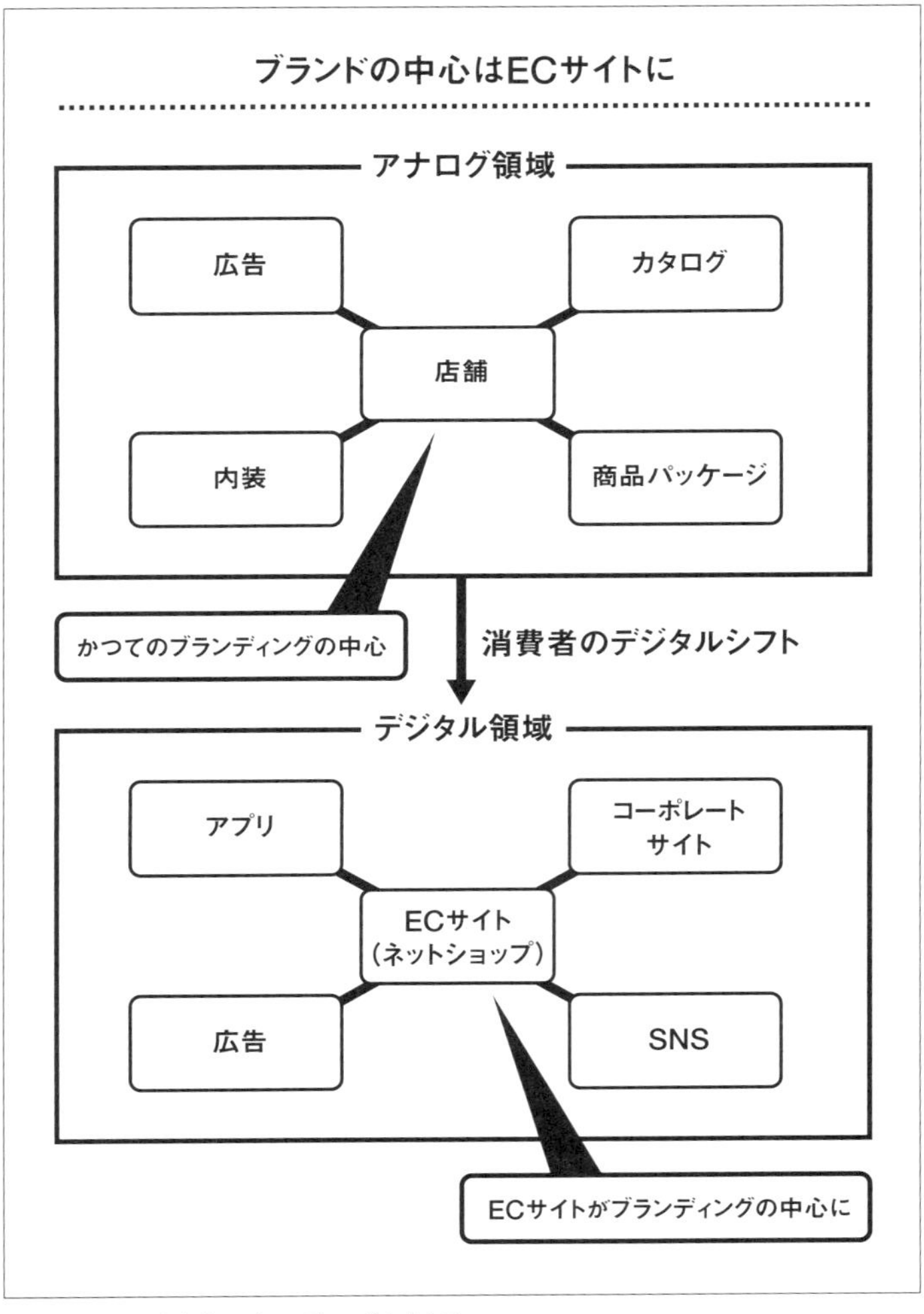

図3　ECサイトを中心にブランディングを考える

4 デジタル領域こそ、ブランドへの共鳴が重要

顧客との直接的なコミュニケーションが可能に

実店舗で販売員が行っていた顧客とのコミュニケーションの多くは、その場所をSNS上にまで拡大しています。SNSにユーザーから投稿されたコメントをきっかけにして商品を開発するといったことも珍しくなくなった昨今、ECサイトと連動しながら、ブログや、FacebookやInstagramといったSNSなどを通じて、顧客とコミュニケーションをとることが欠かせなくなっています。企業が顧客とともに、商品やサービスの新しい価値をつくっていくことができるようになったともいえますね。こうしたインタラクティブなやりとりは、一方通行の働きかけに比べ、お客様のブランドへの共鳴がしやすくなります。

SNSこそ、ブランディングが生きる

企業の担当者やイメージキャラクターが情報発信をしているアカウントを見たことがあるかと思います。単に商品の情報や特売の情報だけでなく、おもしろいつぶやきや、センスのある投稿内容で楽しませるブログも多くありますね。ECサイトにSNSが組み込まれているケースもよく目にします。

商品の宣伝やお知らせだけでなく、**ブランドの持つ世界観を広く伝えられるのがこのようなSNSにおけるブランディングのメリットです。**ブランドがしっかりと確立されていれば、ブランドを一人の人格としてとらえ、ブランドを認知してもらったり、好きになってもらうきっかけとしてSNSを運用できます。顧客との距離を縮めたい、おもしろさをアピールしたいブランドであれば、マスコットキャラクターをつくるのも手です。企業のマスコットキャラクターは親しみやすいアイコンとして、顧客との接点になります。

ネタ切れしない、炎上しない

とはいっても、きちんとブランディングできていなければ、ＳＮＳ上の言動に統一感がなかったり、ネタ切れで投稿がなくなり、そのうち自然消滅してしまったりします。ブランドとしてのキャラクターが確立できずにブレが目立ち、不謹慎な投稿で炎上して、姿を消してしまうということにもなりかねません。

ＳＮＳ上でブレない方法は何か？　その答えはやはり、ブランディングをきちんとすること。ブランドのパーソナリティを確立し、社内で共有するということに集約されます。

デジタルなら数値で反応を確認できる

これまでは、ブランドのリニューアルなどで、パッケージデザインやブランドロゴを有名なデザイナーに依頼して一新したとしても、そのデザインリニューアルが売上に結びついたのかを判断するのは難しいことでした。

上司に、「今回のデザインリニューアルの成果を数値で見せて」といわれても、数値自体はぱっとせず、だからといって購入者へのアンケート調査を見ても、「よかった」程度の感想しか得られず、あいまいな感触しかつかめなかったという経験はありませんか。

しかし、**デジタル領域においては、ちょっとした変更でも消費者の反応をデータで見ることができます。**サイトをリニューアルしたことで、ページをじっくり読んでもらっている、購買ページに遷移する数が増えている、など数値として動きを確認できます。得られるのは数値だけではありません。例えば、新商品について、ＳＮＳでその反応を見ることもできます。

消費者に変更点がどのように受け止められたのか、数値測定がしやすいという点は、デジタル領域が最も得意とするところです。ただし、数値やコメントに過剰に反応しすぎてはいけません。プロジェクトリーダーは、消費者から信頼が得られる活動になっているか、という長期的な視野で見ていくべきですから、注意が必要です。

POINT

デジタル領域は成果が見えやすい。SNSはブランドのパーソナリティを伝えるのに有効な場。

5 なぜわが社のブランディングは失敗したのか

ブレやズレは必ず発生するもの

ブランディングにおいて一番難しいことは、ブレたりズレたりせずに、一定のレベルを維持しながら、継続し続けることです。「自分たちの会社の売りは何か」、「こんなブランドにしたい」という方向性を決めることができても、その一度決めたことを継続しながら、一定のレベルのアウトプットを行い続けることはなかなか難しいものです。

ですから、**いくらブランドを定義していても、関わるスタッフの間でさえ、簡単にブレるものだと心得てください。**スポーツ選手が1日でも練習を怠ると、フォームが崩れてしまうのに似ています。ですから、プロジェクトリーダーであるあなたは、認識のズレは必ず発生するものと考え、関わるスタッフと共にＥＣサイトの方向性のすりあわせをすることが常に必要です。

デジタルとアナログを同時に進める

ECサイトで得られたデータを店舗やパッケージデザインなどの担当者に伝える、逆にアナログ領域でわかったことをデジタル領域の担当者に伝えることが、ブレをなくし、ブランディングを成功させるためには重要です。

例えば、商品パッケージを一新した、といった変化に対し、実店舗では売上数は追えたとしても、どんなターゲットからどのような反応があったのか、を数値で追いやすいのは、デジタルの領域です。一方で、実店舗で接客を担当しているスタッフからは、パッケージに対する顧客の生々しい意見が聞けるはずです。

社内の組織が分かれていたとしても、デジタル領域とアナログ領域におけるブランディングを別々に考えず、情報を共有するようにしてください。すると、どのようなイメージで消費者がブランドをとらえているのか、多角的に見ることができ、方向性を微調整していくことができるようになります。

そもそも消費者自体が、「デジタル」と「アナログ」といった区別をせずに生活を楽しむようになっていますから、アナログ領域と、デジタル領域の整備を同時に進めることが成功への近道です。

ブランディングは従業員のためにも必要

こんなブランドにしたい、という方向性を社内ですりあわせ、ブレをなくしていく活動は、地道なものです（具体的には2章で説明します）。ECサイトのブランディングを成功させるために、部門を越えて協力を仰ぐことも出てきます。まずは、ブランディングは自分たち従業員のためにも行うものだ、という自覚を持ってもらい、「自分事」としてとらえてもらうように働きかけましょう。

自分たちのブランドのあるべき姿や、顧客とどのような信頼関係を構築したいのかについて従業員が語れるようになると、自社の商品を深く愛せるようになります。そうすれば、顧客がブランドを手にしたいと思う気持ちを理解して接客できるようになります。商品開発やパッケージ、そしてECサイトをつくることにおいても、判断がスムーズなので無駄がなくなります。そして**自分たちが働く会社を好きなら、従業員は楽しく働けます。企業としての団結力も高くなります。**団結力が高まれば、当然ですが生産性も上がります。そして採用もスムーズにいくのです。

誤解を恐れずにいうと、究極のブランドは宗教に近いところがあるなと感じています。実際、ブランドマネジメントの専門家である、マーチン・リンストロームも、宗教とブランドの関係を指摘していますが、ある種の信仰は、自分の行動の指針となり、人生や運命に悩んだときの価値判断の基準として機能しています。

　行動の基準となる指針があれば、迷いを断ち切り、自分の持つエネルギーを目的に集約でき、行動が効率化されることもあるでしょう。宗教というのは極論ですが、ブランドを愛する気持ちはどこか信仰心に似ています。企業の活動を方向付ける、ブランドのあるべき姿が、従業員に浸透して、同じようなエネルギーを持つと判断も早まり、すべての活動が効率化されるはずです。例えばアップル社には熱狂的なファンがたくさんいますね。従業員のみならず一般の消費者がアップル社らしいデザイン、やり方だな、など考えられるのもアップル社のブランディングがよく機能しているからこそです。

POINT

いくらブランドを定義しても、簡単にブレる。
行動の指針の核となる考え方を内外で共有し続ければ、決断や判断がスムーズになる。

6 スピード感を持つ

更新頻度を高める

ECサイトにおけるブランディングを強化していく上では、何を発信していくかだけではなく、継続して発信していくことが求められます。つまり、運用、更新していくことが信頼につながります。

素早く情報を配信できることがデジタル領域の特徴ですが、逆説的に考えるならば、ある程度のスピード感を持って情報を発信し続けなければ、情報発信の効果が得られにくいといえるでしょう。注目しているブランドのECサイトやSNSがほとんど更新されなかったら、消費者は「この会社を信用してもいいのかな？」と心配になるかもしれません。

そして、更新が重要な理由がもう一つあります。それは、Ｗｅｂの技術やアプリ、ＳＮＳといったツールは、移り変わりが激しいということです。数年前の常識がすぐに時代遅れになります。特定のＳＮＳやサービスを使ってＷｅｂサイトをつくろうと準備を進めていたら、あっという間にそのＳＮＳやサービスにユーザーがいなくなっており、当初想定していたことが実現できなくなることもあります。常に知識をアップデートしていなければ、ブランド構築を阻害する要因にもなりかねないということも想定しておきましょう。

デジタル領域に踏み込むことは、そのスピード感にプロジェクトリーダーもついていかなければいけないということです。このサイクルに慣れるまでは誰でも苦労しますし、更新頻度を保ちながら、アウトプットの質を一定に保ち続けることは難しく、そのぶんコンセプトがブレるきっかけも増えてしまいます。このジレンマを克服するためにも顧客の信頼が得られるブランドのあるべき姿は何か、常に立ち返るように心がけましょう。

更新に必要な人材を確保する

デジタル領域においては、日々の更新業務が発生します。例えばブログを週に1回更新し続ける。Facebookは2日に1回更新し続けると目標を掲げても、一定のクオリティを保ちながら更新業務を続けるには、人員が確保されていなければ難しいものです。SNSはほぼ無料で情報配信できるものだからでしょうか、特にその人員の確保というところが軽んじられる傾向にあるのかもしれません。

「デジタル強化だ！」と意気込みはあるものの、プロジェクトの担当者は他業務との兼務からのスタートということも珍しくありません。そして、その担当者がデジタル領域に本当に詳しい人ではないということも、珍しくはありません。一方で、デジタルの領域は幅広く、日々の更新業務をこなしつつ、新しいコンテンツを作成したり、各部署の要望に応えたりするには、一人ではやはり限界があるんですね。

担当者がオーバーワークでリタイアしてしまったり、社内で協力体制が整わず孤立してしまう、といったことを避けるために、人材採用にも目を向けましょう。

デジタル領域に、安定した人員の供給があること、プロジェクトリーダーと呼ばれるようなECサイトを専任で見ていく担当者がいること。これがデジタル領域を拡大していくときの要になります。すでにプロジェクトに行き詰まってしまった、という担当者に聞きたいのです。「人員は足りていましたか」と。人員が足りていなかったなら、「私の努力が足りず失敗してしまった」と思わないでください。

最低限の目標を決めて、追加する

既存のECサイトをリニューアルする、新規でECサイトを立ち上げる。こうした新しい取り組みに対しては、それ相応の期待が社内から寄せられます。「自分たちの伝えたいことを、ECサイトで思いきり表現したい」、「会社の歴史も、商品紹介も、それから開発者も紹介したいし、引きのあるコラムもつくりたい」など、やりたいことへの夢が膨らみ、関わる人たちが増えてくると、どうしてもプロジェクトへの思い入れが増えてしまい、その結果スピードが鈍化します。

またクリエイティブに対するこだわりがある場合もあるでしょう。しかし、その強いこだわりが、結果的にECサイトのオープン日を延期に持ち込んでしまったり、初回に使用できる予算が限られているのに、それ以上のことをやるためにシステムを整備したり、納得がいくまであーでもない、こうでもないとつくりこみすぎたりしてしまいます。

でも忘れないでください。ブランディングは商売そのものであり、商売にはスピードが必要。そして、ECサイトはブランドの価値を高めるツールである前に、商売のためのツールです。

本来であれば、スピード感を持って作成でき、更新できるのがWebサイトやSNSの魅力。こだわりすぎず、最低限の目標を設定し、スピード感を持ってサイトをオープンし、それから足りないものを加えていけば問題ありません。スピード感を持ってプロジェクトを進めることです。

ただ、オープン後に何かを付け加えるときには、上司を説得する場合もあるでしょう。では、どうやって説得すればよいのでしょうか。それについては、次の項で考えてみましょう。

POINT

スピード感とチームづくりが成功への近道。

7 上司を説得できる武器を持つ

制作側の要望、どうやって上司に通せばいい？

プロジェクトリーダーの多くは、デジタル領域の拡大を行う社内環境が整っていない状態の中、手探りでＥＣサイトの制作に着手します。上司からは、「早く開設して！」と散々いわれますが、業務を進めるための仲間がそろっていなかったり、社内にＩＴに詳しい人がいなかったりと、恵まれない環境に置かれることがあります。プロジェクトリーダーと呼ばれると聞こえはいいのですが、いってみれば中間管理職、上司と現場に挟まれるという大役を仰せつかった人ともいえますよね。

上司がデジタル領域のことに詳しいという恵まれた環境を得られることは少ないでしょう。いっそのこと、プロジェクトリーダーを信頼しているという名目で、丸投げしてくれたほうが楽なのにと思うこともあるはずです。「これからはデジタル！　社運をかけたプロジェクトだ」などと意気込みだけは立派となると、予算面や業務の進捗、そして成果まですべてにチェックが入ります。

潤沢な予算を持っている会社なんて少ないはずですから、新規プロジェクトにシビアな目が向けられるのはデジタル領域に限ったことではなく、当然のことでしょう。ロゴデザインなどを著名なデザイナーに依頼し、膨大な制作費をかけたものの、あまり効果を実感していないといった前例があればなおのことです。

でも心配する必要はありません。ＥＣサイトで、**ブランディングを進めていく過程で、上司を説得できる強い武器を手に入れることができます。**

顧客の反応がわかるデータを活用

経営陣が一番恐れているのは、せっかく経費を投じたのに結果が出ないことです。そしてプロジェクトリーダーが一番問われるのもこの結果、つまり数字です。

起業家が会社を興すときを想像してみてください。自分たちの商品が市場で評価されて売れるというのはすべて仮説です。実際に事業を進めてみなければ、売上の見通しは立ちません。そして現実は、仮説どおりに進まないことのほうが大半でしょう。ある程度やってみて効果が出なければ、もう一度違う方向でアプローチする。そうしたトライ＆エラーを重ねて、結果を出していきます。ＥＣサイトを開設するとき、多くの人が機能てんこ盛りでレベルの高いものを、ドーンと見せたいと思いがちなのですが、そういった見栄は、この際すっきり捨てましょう。

まずはコンパクトに、経費を最小限に抑えながらでも展開していけるのがデジタル領域のメリットです。アクセス数といった数値に現れる反響を指標に落とし込みながら、必要になった段階でさらなる機能を追加するなどして、レベルを上げていけばいいのです。

経営陣には、**数値という証拠があれば、「数値が上がったのでアップデートします」と説明しやすいものです。**逆にプロジェクトリーダーも、最初から大風呂敷を広げるのではなく、目の届きやすいコンパクトなところから準備を進めていき、反響があったら、予算を追加してもらいながら、徐々にデジタル領域を拡大していくほうが楽だと思います。

多角的に判断する材料を持つ

自分たちのブランドはこういうものだ、という個性を見いだし、それに基づいて制作したECサイトの結果がどうだったのか。データの裏付けをもとに説明すれば、**説得も容易になるでしょう。**

アナログ領域は、「目標販売数が○個で、今月は達成できたかどうか」という一方向での判断や、「今日、店舗を訪れていただいたお客様には評判でした」というあいまいな判断しかできなかったところを、デジタル領域では、さまざまな指標に照らし合わせることで、

「販売数は伸びなかったけれど、顧客の評価は高い。この商品は新しい定番になる可能性がある」

「検索からの流入が増えたのは顧客のニーズを的確に判断できていたから」

などと、多角的に見ていくことができます。

数値だけで結果を判断できるものではありませんが、なぜ評価されたのかの「なぜ」

に近づく判断基準の一つになるはずですし、「自分たちのブランドが目指しているものはこうだから、顧客にこう思ってもらいたい。だったら、多少コストがかかっても、ないがしろにしてはいけないことがある」という決断もしやすいはずです。

POINT

経営陣や上司が一番納得しやすい数値はデジタル領域の得意分野。

8 ブランディングで劇的に仕事が変わる

ルールブックを手にできる

ブランドを構築する上では、経営者はこの会社をどんな会社にしたかったのか、どんなふうに役立つ商品を開発したかったのか、顧客にどんなブランドと思ってもらいたいのか、といったことに立ち返る必要があります。つまりブランドを理解することは、会社の戦略を理解することにもつながります。必然的に、プロジェクトリーダーは、経営者の気持ちや立場を理解し、理解したことを業務に反映させることができるようになります。

経営者は自社をもっと拡大したり、成長させるために常にチャレンジしたいと思っていますし、「チャレンジしよう」と従業員にいいます。実際に大きくチャレンジすることはリスクもあり、チャレンジという負荷をかけすぎて失敗に終わることも多々あります。しかし**ブランディングができていれば、どこまでやったら自社にとってダメージになるのかや、うちのブランドはこういうブランドで、こんなことをやってきているから、この選択は間違っていないと判断できるのです。**

つまりチャレンジとリスクの境界線を判断することができるということ。延々と結論が出ない不毛な会議が減りますね。つまりブランディングは、会社の活動を方向付ける、ルールブックをつくることにもなるのです。

チームビルディングに貢献できる

「上司が何をしたいのかわからない」、「どういう基準で判断しているのかわからない」といった疑念が生まれると、会社のチームワークは乱れ、統制が取れなくなっていきます。

しかしブランドを維持するためのルールブックを基準に誰もが行動することができたら、「上司はこう考えて指示を出した。なぜなら、ブランドで重視していることだから」、

「経営者はブランドのアイデンティティを追求するために、新規プロジェクトを立ち上げたのだ」といった理解が生まれ、迷いが軽減されるでしょう。

従業員が「ECサイトを新たに立ち上げるのは、ブランドを知ってもらい、**好きになってもらうために欠かせない戦略」だと理解できたら、デジタル領域のチームづくりもスムーズに進むはずです。**

また**ブランディングは従業員同士の絆、会社を愛する気持ちも育てます。**一丸となって事業を進めていけるチームワークを育ててくれるでしょう。

ブランディングで会社の中心人物に

ここまでお話ししたとおり、デジタル領域にブランディングは欠かせないだけでなく、これからのブランディングはデジタル領域こそが要になります。つまりECサイトのプロジェクトリーダーになったということは、ブランディングを進める中心人物にもなるということです。

ブランディングは商売そのものです。**プロジェクトリーダーは、最終的には会社の中**

心人物としての役割も担うことになります。ECサイトには、各部署に関する情報が掲載されます。業務を通して、他部署と積極的に関わらなければいけないのですが、それがきっかけになり部署と部署の橋渡しという役割も担えるようになるのです。

ブランディングはよいことずくめ

プロジェクトリーダーは、自分が希望したわけでもないのに、ECサイトなどの担当になってしまっただけかもしれません。今までブランディングにチャレンジして失敗しているプロジェクトリーダーは、苦い経験を思い出して、胃が痛むかもしれません。しかし、どんなプロジェクトリーダーでも、本書を手にされたということは、ブランディングにチャレンジしようと決意されたからだと思います。

自社のブランドが確立され、ブランディングが進むと、すべての企業活動が効率化されます。採用、接客、商品開発においても、判断がスムーズなので無駄がなくなります。ブランディングは万能薬です。現にフラクタのお客様は、ブランディングで業績が上がった、社内の雰囲気が変わった、業務が効率化されたといった変化を感じておられます。

ブランディングは1日で達成できるものではありません。とても長く険しい道のりですが、ビジネスの大きな成果につながっている道でもあります。ブランディング、デジタルというカタカナ言葉が並ぶと一見華やかに聞こえますが、実は非常に地道な努力の積み重ねです。ブランディングもデジタル領域の改革も、コツコツと努力を続けることで成功します。

少しの失敗にめげずに努力を積み重ねること、そして、その努力が正しい方向に向かっているか常に注意することが重要です。

POINT

ECサイトにおけるブランディングは、業務の効率化につながる。

第２章

ブランドの目指す姿を整理しよう

「ECサイトで何をうたえばいいのだろう?」「自社の魅力をいい表したコンセプトってあったかな?」……そんな疑問がわいたなら、まずは原点に立ち返りましょう。自社の存在意義とは何なのかを、じっくり考えなおしてみませんか。

1 自社のことを、とことん知る

自分の会社の歴史を知っている？

1章でも述べましたが、ブランディングが思うように進まないとしたら、それはブランドが確立されていない、ブランドをとらえきれていない、といった原因が考えられます。

・自社がどんな想いで設立され、どんな歴史を歩んできたのか
・創業者はどんな人柄なのか
・初めに販売した商品（サービス）は何か

あなたは明確に答えることができますか？　社史を見かけたことはあるけれど、目を通したことがないというのであれば、読んでみてください。経営者が発信するメッセージ、社訓なども併せて目を通すと発見があるでしょう。**ブランドの中身（24ページ参照）となるのは、会社が、どんな事業を展開することで社会に貢献したいと考えているのかといった存在意義、歴史、創業者の人柄など、会社の性格や個性です。**

とにかく知ること。とことん知ること。例えば勤続年数の長い先輩に、昔の話を聞いてもいいですし、社史がなければ雑誌などメディアで取り上げられた記事などがあれば、すべて目を通してください。そうした中で、

「CSRなんていわれる前から、実は地域の方と交流が深かった」
「ヒット商品の開発の裏には、こんな苦労があったんだ」
「創業にはこんなに深い想いがあったのか！」

といった気付きがあるはずです。その「気付き」がブランドを考える上で重要な手がかりになります。

社内の「当たり前」を見直す

この気付きは、ブランディングで強く押し出していくべき、他社にはない自社の個性となります。

ここで大事なことは、自分の判断だけで気付きにストップをかけないことです。フラクタでは、この気付きの作業を進めるプロジェクトをお手伝いさせていただくこともあります。そのとき、会社の歴史や想いについてのお話を聞けば聞くほど、お客様の会社に興味がわいてきますし、好きになります。何気なく聞いたお話がものすごく興味深い内容だったりします。しかし、そう伝えると多くの場合、

「こんなことは当たり前ではないですか？　個性でも何でもないでしょう」

と返されたりします。自分たちの会社の個性が会社の中にいるとかえって見えなくなってしまうということがあるのかもしれません。

魅力ある会社の個性を見逃さない

ですから、**気付きの段階で、自分たちが平凡だと決めつけないでくださいね。**第三者に向けて発信することで本当に平凡なのかを確認してほしいのです。家族や友人でもいいですし、社外の協力企業でも構いませんが、第三者の客観的な目を通して、それが魅力ある個性なのかどうかを判断してください。あなたの会社の普通は他の会社の普通ではないかもしれません。それを見逃さないようにすることがポイントです。

普段はあまり話をする機会のない他部署に所属する従業員同士で話をしてみることも、気付きを与えてくれます。製造部の人たちにとって、ものづくりにおける配慮や工夫は当たり前のことかもしれませんが、人事部の人たちは、そこに職人魂と呼べる情熱を見いだし、「感動する」「すごい努力」だと評価するかもしれません。そうしたディスカッションを社内で行うことで見えてくることは多分にあります。第三者の視点はいわば自分たちを見るための鏡です。ブランドの個性を確認するために積極的に活用してください。

自分たちで発見するからこそ意味がある

第三者の意見は積極的に取り入れてほしいのですが、最終的な自分たちの会社の個性の洗い出しは、自分たちで行うことをおすすめします。例えばフラクタのような会社に客観的に見る役割を依頼しても構いませんが、**最後は誰かに行ってもらうのではなく、自分たちで行うことが大事です。**そうして洗い出された個性が、ブランドのコンセプトへとつながってきます。

このコンセプトは、ミッションやスローガン、社訓といったものに本来であれば表れているものです。それらがしっかりと固まっている会社は、個性の洗い出しをしなくても、従業員に共有されているはずです。しかし、そこに並べられた言葉に対して、従業員がしっくりきていないことがあります。しっくりきていないという違和感があるならば、もう一度、個性の洗い出しをしてみましょう。

POINT

客観的な視点で、個性を洗い出す。

2 ブランドの根幹を整理する

コンセプト、ミッション、スローガン、どう違う？

自社の存在意義を見つめたり、歴史を振り返ったりしながら、うちの魅力はこんな点だというところが見えてきたら、従業員全員に共有できるように、言語化していく作業に入ります。つまりブランドの方向性となるコンセプトを決めていきます。ミッションやスローガン、会社が目指すものを言葉にまとめた標語のようなものは、たくさんあふれています。ここで、それぞれが一般的にどんな目的でまとめられるものなのかを区別しておきましょう（【図4】に違いをまとめました）。

ダラダラと言葉を並べる必要はありませんし、逆に驚くほど短くする必要もありません。要は自分たちにとってわかりやすくてフィットするものであれば問題ありません。

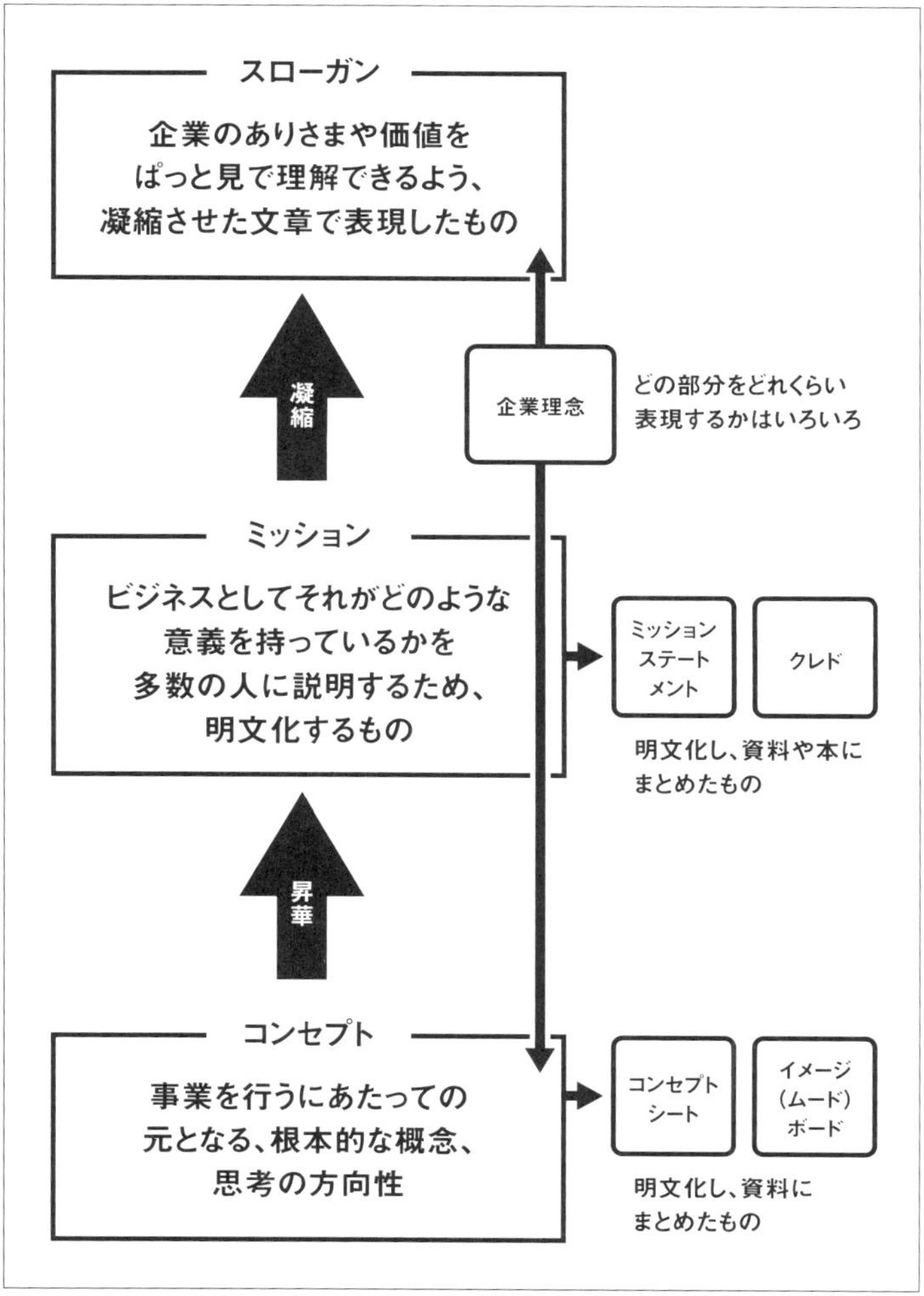

図4　スローガン、ミッション、コンセプト

・コンセプト　自分たちはこんな存在である、こういう思いを持っている。事業を行うにあたってのもとになる、基本的な概念、思考の方向性
・ミッション　自分たちの会社は、社会に対して商品やサービスを提供することで何を解決するのか。ビジネスとしての意義を明文化するもの
・スローガン　企業のありさまや価値をぱっと見で理解できるよう、短い言葉にまとめたもの

そういえば昔、コンセプトやスローガンをつくったような……

ブランドを言語化したものとしては、コンセプトが一番近く、ミッションやスローガンは、コンセプトをベースに目的別に変化させたものです。まずはコンセプトを明確にしておくとよいでしょう。

「うちの会社にはすでにコンセプトがある。それなのに別につくらないといけないの？」と疑問を持たれる人もいるはずですが、すでにコンセプトがあるのであれば、個性の洗

い出しを行う必要はありません。

しかし、そのコンセプトは、従業員に定着していますか？　従業員に「うちのブランドコンセプトは何ですか？」と聞いて、すぐに答えが返ってきますか？　一応存在はしているけれど、心身に浸透していなければ、意味があるとはいえません。コンセプトが定まっている会社は、個性の洗い出しをしなくても、従業員にしっかりと共有されているかもしれません。しかし、なんとなく目にしているけれど、そこに並んだ言葉に何の感情もわかないし、愛着がない。むしろコンセプトなんてあったかなと思い出せないようであれば、それはコンセプトが定着していないことの現れです。

コンセプトの見直しは慎重に

なぜ定着していないのか？　それは受け売りの言葉であって、自分たちの中から洗い出した言葉ではないからです。社内で大切にされていないコンセプトは、絵に描いた餅であり、まったく意味がありません。コンセプトはあるけれど定着していないというのであれば、もう一度コンセプトを見直してみることをおすすめします。

しかし、コンセプトは会社にとって非常に重要なものです。会社がずっと大切に守り、支えていくべきものなので、プロジェクトリーダーの一存で、コンセプトを変えようとはしないことです。過去につくられたコンセプトが存在するのであれば、そのコンセプトをつくったメンバーは誰なのか、どのような経緯でつくられたのか、つくられたのはどんな理由があったのか、込められた想い、これらに最大限の敬意を持って丁寧に扱うことが大切です。そして、最後にはやはり経営者と相談することになります。デジタル領域の改革に対して、経営者が積極的であれば、コンセプトの見直しという話も現実的かもしれません。コンセプトはブランドの根幹に関わるものです。とても重要ではありますが、コンセプトの見直しは経営者と相談し、慎重に行ってください。

POINT

会社のコンセプトは、ブランドの根幹。ブランディングの軸となる。

3 ふせんメソッドでコンセプトを定める

簡単にできるのに効果的　ふせんメソッドとは？

ＥＣサイトを立ち上げてといわれた時点で、そもそもコンセプトが経営者から下りてこなかった場合、また、プロジェクトリーダーが「これがうちのコンセプトだ！」と思い当たるものがないのならば、ふせんメソッドでコンセプトを作成していくことをおすすめします。ふせんメソッドは簡単です。プロジェクトリーダーが進行役となって行うことができるワークショップです。

（使用する道具）

・ふせん（サイズ違い、色違いで何種類かそろえます）

・模造紙

与えられたテーマから連想する言葉をふせんに書いて、模造紙に貼り付けていきます。テーマは、一回のふせんメソッドで3～4つほど選定するといいでしょう。テーマの例をいくつか挙げておきます。

（テーマ例）
・私たちのお客様はどんな人たちだろう？
・私たちの強みは何か？　弱みは何か？
・私たち会社が、どうなると幸せだろう？
・自分たちの商品（サービス）の価値は何だろう？

テーマは簡単な問いかけから、難しい問いかけへとステップアップしていきましょう。まず、1テーマ10分程度、他の人と相談せずにとにかくふせんに思いついたことをどんどん書き込んでは貼り付けることを繰り返してもらってください。このとき、**ふせんに**

書き込む言葉は、できる限り短くシンプルに。例えば長文になりそうならば、単語や一行ずつに分割して、ふせんに書き入れてもらいます。惜しみなくふせんを使ってください。

言葉で説明するよりも、書くことのほうが気楽に取り組めるというメリットもあります。話に出てきた内容を忘れてしまうこともあります、ふせんに残しておけば安心です。参加者全員に発言してもらうことを考えれば、短時間でたくさんの意見を吸いあげることができるというのもふせんメソッドのメリットです。

ふせんによって言葉をグループ化する

10分ほどして全員のキーワードが書き尽くされたようであれば、意見をいいながら手元にあるふせんを共通の場に並べていきます。同じ意見であればふせんを重ね（意見数が数えやすくなります）、違う意見と区別し、考え方の方向性として似ているものをグループにまとめるなどして、模造紙の中でふせんを動かし、言葉を整理していきます（【図5】）。

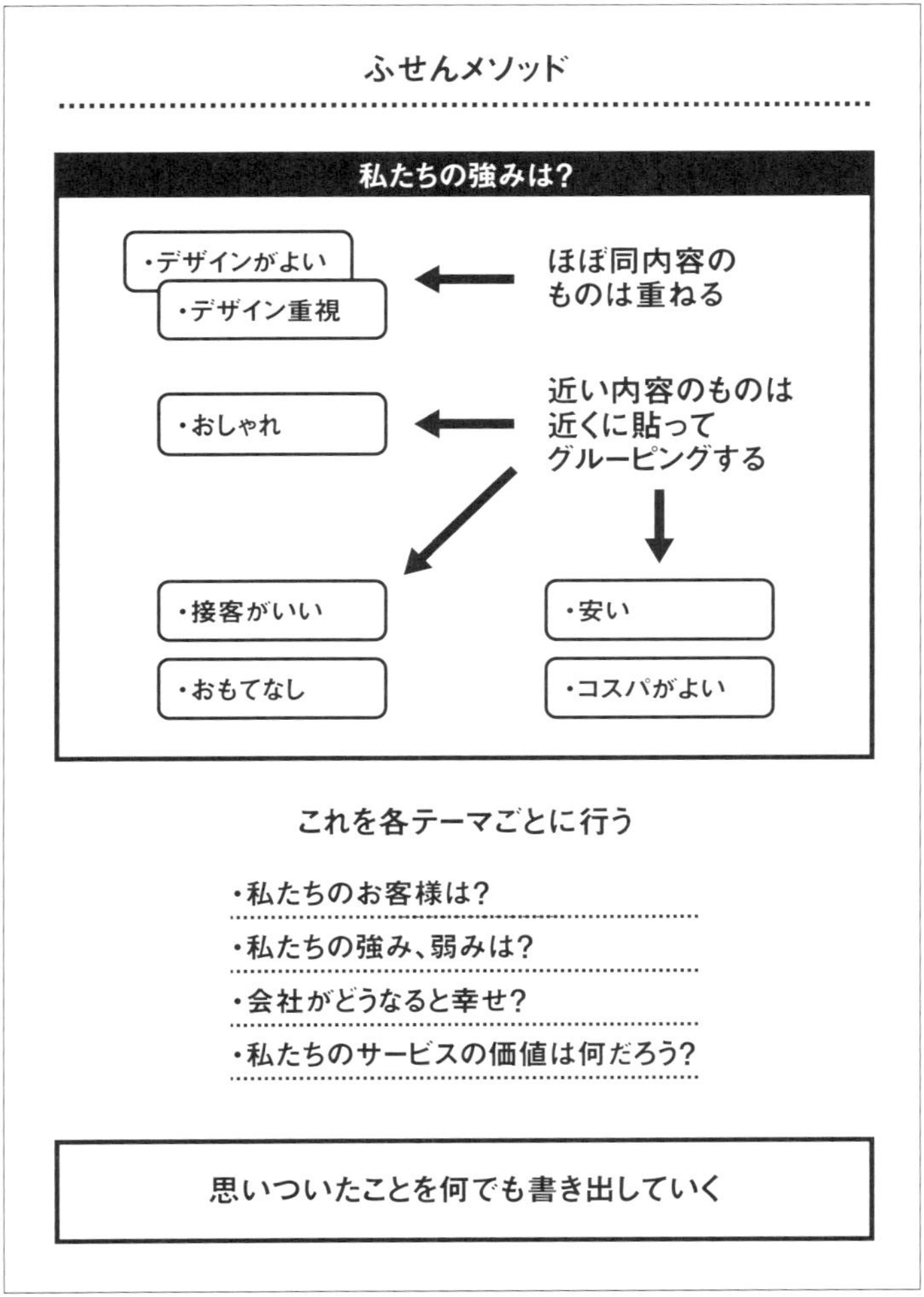
ふせんメソッド
私たちの強みは?
・デザインがよい
・デザイン重視
ほぼ同内容の
ものは重ねる
・おしゃれ
近い内容のものは
近くに貼って
グルーピングする
・接客がいい
・おもてなし
・安い
・コスパがよい
これを各テーマごとに行う
・私たちのお客様は?
・私たちの強み、弱みは?
・会社がどうなると幸せ?
・私たちのサービスの価値は何だろう?
思いついたことを何でも書き出していく

図5　ふせんメソッド

そして、ふせんを手で動かして並べながら、どんな感想を持ったのかなど話し合います。**相手の意見を否定するのではなく、尊重しながら自由に意見をいい合いましょう。**

キーワードを5W1Hに、そしてコンセプトに

ふせんを並べ終わり、キーワードを集約、選別したら、決めようと思っている要素のエッセンスを取り出します。最終的に残ったキーワード（エッセンス）をもとに文章化していきます。５Ｗ１Ｈは、文章が組み立てやすく、かつブランドコンセプトとして必要な要素が揃っているので利用しやすいですが、５Ｗ１Ｈ全部を必ず使う必要はありません。例えばＷＨＡＴ、ＷＨＯ、ＷＨＹだけ使うのでも構いません。

５Ｗ１Ｈなどを利用してなんとなく文章化したら、そこから、コンセプトの文章として「望ましいかたち」に整形していきます（【図６】）。

対外的、例えば他社やお客様の目に触れるものにする場合は少しキャッチフレーズ的にする必要がありますが、社内の人だけが見るものであれば、社内の人がわかる文章のままで構いません。ただし、「最後の最後」は経営者に判断してもらいます。そのとき、

ふせんのアイデアを5W1Hのかたちに整理する

WHY なぜ	なぜそうするのか
HOW どうやって	どのような手法で実現するのか
WHO だれが	関係者は誰なのか
WHAT なにを	ターゲットは何なのか
WHEN いつ	いつ使われるのか
WHERE どこで	どこで使われるのか

↓

さらに文章にする
5W1Hすべてを
使う必要はない

コンセプト

わかりやすい文章の
かたちにまとめる

図6　ふせんのアイデアを整理してコンセプトに

「これ以上選びきれない」状態まで仕上げておきましょう。

最終決定者は、経営者に

すでにコンセプトがある会社でも、改めてコンセプトのもととなるキーワードをふせんメソッドで洗い出すと、経営者だけでなく、そこに参加した従業員全員が、

「従業員に自分が考えていたことが、まったく浸透していなかった」
「自社のウリはこれだと思っていたのに、他の人は違うところに注目していた」

といったさまざまな気付きが得られます。そうした気付きを踏まえて、改めてコンセプトの見直しを図ることもあるでしょう。いずれにしても、コンセプトに対する明確な答え、必要な言葉が見つかることで得られる連帯感や充足感を、ふせんメソッドを経験した人なら感じることができるでしょう。

ここで重要なのは、**最終決定は経営者に委ねることです。**「これでいいのか。私たちはこれがいいと思う」という段階まで来たとき、あるいは「これとこれ、どっちにすべき

か」という選択のとき、最終決裁者に判断を委ねます。ただ、場合によっては、経営者が判断しなくてもよいこともあります（ブランドマネージャーが判断するなどです）。

コンセプトはブランドの根幹に関わる重要なものです。これから先、従業員に方向を示し、大切にしていくものです。ふせんメソッドでコンセプトを決める際は、必ずふせんメソッドの最後に、経営者がコンセプトを確定し、発表することを前提にして行ってください。コンセプトが決まらなければ、ブランディングは進みません。

POINT

ふせんメソッドは、コンセプトのもとになる会社の個性を洗いなおすのに有効なワークショップ。5W1Hからコンセプトに落とし込もう。

4 ふせんメソッドを活性化する

ふせんメソッドは、上下関係無視がルール

ふせんメソッドは、部署や立場に関係なく、フラットな関係で話し合うというルールで行いましょう。まったく上下関係を気にせずに自由な意見をいいあうというのは難しいものですし、もちろん相手に対する敬意は欠かせません。しかし立場を超えて正直に話し合わないと、最終的にどことなく納得感の薄い、これでよいのだろうかとモヤモヤが残る議論になってしまうのです。また、始める前に、どんな意見を出しても構わないし、後で誰かが会社に対して否定的な意見をいったなど、いい争いの種にするために行うものではないということを明確に伝えておくといいでしょう。

ふせんの色を統一すれば、敷居が下がる

参加者はこうしたワークショップに慣れていない人、人前で意見をいうことに抵抗がある人、さまざまです。ふせんには思いつくまま、どんどん意見を書いていってほしいので、ふせんに名前を書き入れる必要はありません。しかし、それでも抵抗を感じる人がいる場合は、チーム内でふせんの色を統一したり、1テーマに対して使用するふせんの色を統一したりすれば、書き入れた人物を特定しにくくなります。ふせんに意見を書くことに対する敷居が、ぐっと低くなります。

グループ分けは慎重に

ふせんメソッドは参加人数によって1チームの人数は前後すると思いますが、4人前後のグループで行います。テーマが変わるタイミングで、グループをシャッフルしていくと、さらに活性化されますが、最初のグループは、主催者側であるプロジェクトリー

ダーが決めましょう。

やはり人間ですから、社内には派閥というものが少なからず見られます。あの人とあの人はあまり仲がよくないということもあります。ワークショップに慣れてくると、そうした垣根が気にならなくなってきますが、最初は誰もが初めて経験するワークショップに多少の緊張感を持って参加しています。そこであまり好ましくない相手と同じグループだと、変に気を使ったり、萎縮したりするので、そこは主催者側が気をまわしてあげるほうがベターです。もしも社内の雰囲気がよい会社であれば、気を使ったグループ分けの必要はありません。例えば、ワークショップが始まる前にくじ引きをその場で行い、グループ分けをしてもいいでしょう。

ふせんメソッドが「自分事」の感覚を生み、チームワークも育む

自分たちで意見を出し合ったものが、そのまま会社のコンセプトに生かされるだけでなく、自分たちが今後働いていく上での指針にもなっていく。今まで会社から示されていただけで、どことなく「他人事」であったコンセプトが、ふせんメソッドによって「自

分事」に変わったという声はたくさん聞きます。

ふせんメソッドは重要なコンセプトを決めるためだけのものではありません。こうした部署間を越えた共同作業で、**自分たちの会社のことを一緒に考え、再確認する作業が、今後展開していくブランディングにもよい効果をもたらします。**

POINT

積極的に意見しやすい環境を整えることで、ふせんメソッドが活性化する。

5 コンセプトを社内に定着させるために

「伝わっているはず」が伝わっていない

ふせんメソッドの結果に一番ショックを受けたのが、経営者だったというケースもありました。自分が一生懸命考えたコンセプトがまったく伝わっていないという事実に直面して驚愕したそうです。「あれだけ朝礼で繰り返し伝えてきたのに」、「社内に張り出していたのに」と、がっかりした経営者の姿を何度も見てきました。

多くの経営者は伝わっていると思い込んでいますが、実際には伝わっていません。定着していません。なぜでしょうか。

重要なことは、コンセプトの言葉が内容をどれだけ伝えることができているかです。見た目は平凡な普通の言葉であっても理念がギュッと凝縮されたコンセプトをつくることは可能です。コンセプトの言葉は読んだ人が意味のわかるものになっているでしょうか。読んだ人に内容が伝わるものになっているでしょうか。

伝わりにくい言葉のままでは、せっかくのよい想いを共有したくても、個々の解釈がバラバラになってしまう可能性もあります。自分たちの想いが伝わっているか、という視点でもコンセプトを点検してみてください。

コンセプトを定着させるときには会社の規模によってやり方を工夫しましょう。大企業においてコンセプトを社員全員に浸透させるのはそれなりの労力が必要ですし、人数の少ない中小企業では一人ズレても大きな影響力を持ちます。

例えば、創業メンバー以外の社員が入ってきたり、会社の規模が急拡大したときなど、入社のタイミングによって社員のコンセプトの理解度に差が出ることがあります。会社の規模が変わったときは、コンセプトの定着度、理解度を確認しておきましょう。

コンセプトづくりが一番の肝だと認識しよう

コンセプトを固めることに時間を費やしていたら、なかなかECサイトの構築が進まないのでは、と思われるかもしれません。しかしながら、コンセプトが明確に定まっていないと、ブランドも、ブランディングも簡単に崩れ、ズレてしまいます。たかがコンセプトと思わず、今後のブランド全体のあり方を規定するコンセプトづくりは気合を入れて行いましょう。ふせんメソッドを行い、じっくりと従業員同士、そして経営者も一緒に議論してください。

どんなに見た目よくデザインされたＥＣサイト、どんなにユーザビリティに優れたＥＣサイトであっても、中身がなければ消費者は振り向いてくれません。しっかりとブランドのコンセプトが確立されていれば骨太のＥＣサイトになり、安定して活動をすることができます。何を置いても、コンセプトありきであることを覚えておきましょう。

また、**コンセプトについては、言葉選びが非常に重要になります。**もちろんコンセプトにどんな言葉を入れて、自分たちの特徴を表現するのかといった個性の洗い出しは、自分たちで行うことが絶対であると考えますが、スローガンやキャッチフレーズといったものに昇華するときは、コピーライターなどプロの力を借りてもいいでしょう。ただ、コンセプトは自分たちのこと、自分事として、できるだけ自分たちで決めていただくことをおすすめしています。コンセプトづくり、言葉選びは難しい作業になるかもしれませんが、するだけの価値がある仕事です。

改めて再確認。本当に徹底して考えた？

何度もいいますが、コンセプトづくりを急ぐ必要はありません。検討に検討を重ねて、ちょっとでも納得できなかったらもう一度、ふせんメソッドを行ってみるくらいの気持ちで、丁寧にコンセプトづくりに挑んでみてください。

コンセプトづくりに時間と労力を注ぎ込むことが今後のリスクを軽減することにつながります。限られた時間の中であってもフルパワーで取り組んでくださいね。

POINT

コンセプトづくりはブランディングの核となる部分。経営者の理解を得ながら言葉選びは慎重に進めていく必要がある。

6 ブランディングとリブランディングの違い

新ブランドを立ち上げるときに考えておくべきこと

ふせんメソッドで自社のコンセプトを構築していく際に、少し違いを意識しておいてほしいことをこの章の最後に述べておきます。それはブランディングとリブランディングの違いです。**ブランディングは大きく分けて、新しくブランドを構築していくブランディングと、既存のブランドを再定義するリブランディングがあります。**

さらに、新しいブランドを立ち上げるときのブランディングは、会社を新規で立ち上げてブランディングする場合と、既存のブランドがあって、そのブランドとは別のブランドを立ち上げる場合に分けることができます。

新会社でブランドを立ち上げるとき

会社を新規で立ち上げてブランディングする場合は、ブランドのコンセプトを一から考えていかなければいけません。会社というブランド自体もこれから生まれるわけですから、ブランドの歴史もありませんし、長く勤めている従業員もいません。人や商品、技術やサービスには、ブランドとなるものがありません。これからかたちにしていくものに対して探求を重ねていく作業は、新規ブランド立ち上げの一番難しいところです。

通常のマーケティングと同じことではありますが、新ブランドを立ち上げる前には、自分たちはどのような商品やサービスを提供するのか、どのようなマーケットを狙うのか、そして、自分たちの存在意義はどこにあるのか、この3点をしっかりと検討しておきましょう。商品やマーケットについて忘れることはあまりないかもしれないですが、自分たちの存在意義、つまり自分たちの活動が社会に対してどんな役目を果たすのか、自社が活動することでどんなよいことが起こるのかを考えておくことは大切なことです。自社の存在意義を哲学的な思考を持って探求していくことはブランドの立ち上げにおける重要なポイントの一つです。

並行してブランドを立ち上げるときはアイデア勝負

既存のブランドと並行して、新しいブランドを立ち上げる際には、**今までのブランドで解決できなかった問題を洗い出すことから始めるとよいでしょう。**例えば、「現存のブランドでは時間をかけたおもてなしがコンセプトで、ぱっと買って気軽に楽しむことができなかった。ならば新ブランドはテイクアウトにも対応できるような気軽なお店にしよう」など、現在のブランドでは実現が難しかった要素から考えていくと、考えがよりクリアになっていきます。

このような、今足りてないから生み出そう、こういう点が不満だから解決しようという考え方のメリットは、予測が立てやすいという点にあります。市場において、どれだけニーズがあるのかを予測しやすいため、ビジネス的なリスクを軽減することにつながります。

リブランディングでは原点を見直す

既存のブランドがあって、そのブランドを見直して再定義、リニューアルする場合には、**ブランドの原点に立ち返り、なぜそのブランドを立ち上げたのかを探る**ことが最も重要になってきます。理由は、これまでブランドを愛してくれた顧客がいるからです。顧客から見て、「大好きだったブランドが変な感じにイメージチェンジしてしまった」と思われないように配慮しましょう。一度離反した顧客にもう一度戻ってきてもらうのは難しいものです。原点がブレなければブランドの大幅リニューアルを行っても、既存顧客の理解を得ることは可能です。

POINT

コンセプトを一から積み上げるブランディングと、コンセプトの見直しであるリブランディング。違いを理解しよう。

第３章

ECサイトブランディングを実践する

ブランディングにおいて重要なコンセプトも明確になったら、いよいよECサイトのコンテンツを作成したり、デザインをリニューアルしたりと、実務へステップアップしていきます。ブランディングの進捗を確認するための指標づくりや、社外の協力会社との交渉など、プロジェクトリーダーにはまだまだやることが山積みですよ。

1 ブランドイメージを具体化させる

色や写真でイメージが伝わりやすく

2章では、ふせんメソッドの活用などを通して、ブランドコンセプトを明確にしていくことをお話ししました。すでにブランドコンセプトが決まっている場合でも、それを明文化することで、社内で「私たちのブランドは、こんなブランドだ」という共通認識を強めていってください。

コンセプトをより強固にし、ECサイトのデザインに落とし込むために、「イメージボード」(【図7】)を作成してみましょう。**イメージボードとは、ブランドのイメージに近い写真やイラスト、模様、色、言葉などを並べ、ブランドイメージをビジュアル化させたものです。**

1枚の写真が大量の文章よりも雄弁に語ることもあります。「自分たち

図7　イメージボードの例

のアイデンティティ」をビジュアルで表現したらどのようなものがふさわしいのか、イメージを共有したり、連想ゲームのようにイメージを膨らませたりすることができます。デザインを依頼したデザイナーに、イメージボードをつくってくれないか、と依頼してみるのもいいでしょう。ただイメージボードを完成させるのは、デザイナーであっても、土台となるコンセプトは、当然ですが、プロジェクトリーダーであるあなたが決めるものです。コンセプトがなければイメージボードも依頼できません。コンセプトはしっかり固まっているでしょうか?

写真とイメージワードで、さらに深堀り

イメージボードには、ブランドのイメージを象徴するような写真を使用します。お客様が実際に商品を購入している状況をイメージできそうな写真はぜひ加えてください。実際にブランドを愛してくださっている顧客の笑顔、そのイメージに限りなく近い自社商品のイメージカット、実店舗の雰囲気や陳列のコーディネート例なども添えると、イメージが伝わりやすいでしょう。そしてブランドに直接関係していない写真も加えます。

これは街並みや自然、空、草木や花のような写真でもよいです。また、イメージボードは写真だけでなく色や模様でも表現できます。あなたの会社はどんな色や模様で表現できますか？　刺激的でビビッドな原色系、優しいパステルカラー、エコなアースカラー、固いイメージの直線や柔らかい曲線など、イメージに近い色や模様を添えます。

イメージボードを作成しながら、ふせんメソッドで集めた言葉の中から象徴的なキーワード（イメージワード）を、並行して探していきます。例えば、象徴的な言葉に「明るい」があったとします。「明るい」とひとくちにいっても、いろいろなイメージがあります。暗いトンネルから抜けたときの、目がくらむような刺激の強い明るさ。春の日差しのようにポカポカして、私たちを包み込むような明るさ。静かな部屋の中で、ゆらゆらとほのかに光るろうそくの炎のような明るさ。そうしたタイプの違う「明るさ」の中から、ブランドを連想させる言葉をいくつか選んでいきます。

イメージボードとイメージワードを相互に行き来して、イメージボードを完成させましょう。

デザイン会社などへのオーダーにも使えるイメージボード

一度作成したイメージボードは、店舗やパッケージ、紙媒体などWebサイト以外のデザインを依頼するときなどにも非常に役立ちます。また、Webサイトのデザインを依頼するときに、参考Webサイトをブランド側があげるとデザイナーがそのイメージに引っ張られてしまい、そっくりなサイトになってしまう場合があります。かっこいいサイトを真似することよりも、自分たちのアイデンティティや顧客と築きたい信頼関係を見せましょう。そのためにも、オーダーにはイメージボードを活用しましょう。

イメージボードをもとにWebやパッケージに展開

新ブランドのビジュアルの方向性をディスカッションしてコンセプトを明確化し、ECサイトだけでなく、ロゴやパッケージをつくっていった事例を一つ、ご紹介します。

元治元年（1864年）創業、埼玉県熊谷市に本社を構える和洋菓子店・梅林堂の新ブランド「TORAKICHI」です。もともとは、梅林堂のECサイトのリニューアルをはかりたい、ということでフラクタに相談があり、その後、新ブランド「TORAKICHI」の立ち上げもお手伝いすることになりました。

ECサイトのリニューアルプロジェクトにおいては、梅林堂のお菓子はどういうものかをディスカッションし、梅林堂のお菓子は「楽しい」というコンセプトにたどりつき、滋（心の栄養であるお菓子を頂く楽しさ）・朗（お菓子を頂く時間や空間を楽しむ楽しさ）・倫（贈り贈られる間柄の、人の心の機微や人間関係に想いを馳せる楽しさ）という3つのキーワードが生まれました。

新ブランドの「TORAKICHI」は、「滋・朗・倫」の中でも、「朗」を極めたブランドという方向性が決まっていたので、その雰囲気や色などをイメージボードに並べていき、ビジュアルの方向性を提案、色決めのワークショップなども行っています。

ビジュアルの方向性を固めた後は、どのように商品開発や商品を扱う店舗に落とし込むのか相談しながら、最終的には、ロゴや商品パッケージ、ショッパー、包装紙、そしてECサイトの展開にまで進んでいき、2017年3月、梅林堂の本店の半分が「TORAKICHI」スペースになるかたちでのブランドリリースをすることができました。

特にお菓子詰め合わせセットのパッケージは、箱が気に入って購入されるケースも多く、単品では売れにくい商品も、このパッケージに入ったものは、売れ行きを伸ばしているそうです。「TORAKICHI」の場合は、商品パッケージがブランドらしさを具現化しているだけでなく、お客様が商品パッケージを「選んで楽しむ」という要素を入れたことで、店舗のスタッフがお客様にアピールしやすいという声も届いています。

この事例を見ると、コンセプトが明確に決まれば、アナログ・デジタル領域に関係なく、自在にブランドイメージを具体化できるということをイメージしていただきやすいのではないでしょうか。コンセプトが誰にでも伝わりやすいかたちに具体化されていれば、さまざまなチャネルに展開していく過程で生じやすいブレを防ぐことにつながりますし、かつブレてしまったときに戻ってくる土台にもなります。

POINT

イメージボードは、かたちのないブランドコンセプトを具体化したもの。外部へのオーダー、そして社内の共通認識を高めるのに最適なツール。

店舗

ブランドサイト

詰め合わせセットのパッケージ

図8　梅林堂のTORAKICHI

2 カスタマージャーニーマップで導線を確認

カスタマージャーニーマップの作成

ブランドコンセプトとイメージボードをもとに、ブランドがビジュアル化されたら、次は実務レベルでブランディングをとらえていきます。カスタマージャーニーマップ（【図9】）を作成しましょう。

カスタマージャーニーマップについて簡単に説明しておきます。カスタマージャーニーマップとは、企業が考える一般的な顧客がブランドを認知し、購入、再購入するに至るまで、どのような経験をするのかを想定し、時系列に沿って表したものです。

顧客がどのような行動をしたのか、それはどのようなブランド接点、シーンで行われ、どのような感情を持っているのか、そのときに企業ができることはあるか、などの項目を記入していきます。しっかりとしたカスタマージャーニーマップをつくるのは大変な仕事ですが、顧客のブランド体験を整理でき、課題も見えてくるので、今後のブランディングにとても役に立ちます。

顧客接点となるチャネルを意識する

カスタマージャーニーマップは、デジタル領域とアナログ領域、相互にスムーズな関係性が構築できる導線を考えるために活用できます。ブランドと消費者との接点は、ここ数年でデジタル領域が劇的に増え、導線も複雑化しています。ブランドサイト、ECサイト、メールマガジン、ブログなど多種多様なチャネルを、ブランディングにおいてどう位置づけるかを考えなければなりません（【図10】）。

昨今、実店舗やECサイトといったさまざまなチャネルを連携させて、顧客にアプローチする「オムニチャネル」を進めたいと希望される企業が多いのですが、**オムニチャネルを実現し、効果的に運用するためには、顧客の思考や行動の一連のプロセスを可視化したカスタマージャーニーマップの作成は必須です。**ただチャネルを闇雲に増やすだ

共有	参加	継続的接触
ランチ・放課後	自宅自室	通学・自宅等
学内の友人	PC	スマートフォン・PC
友人のアドバイス	通販サイト	メルマガ等
公式サイトに戻り、 通販の仕方を 詳しく知る。  友人に相談し、 アドバイスをもらう	 購入し、プレゼントを渡す	メルマガ配信  理想の輪 購入　ECサイトへ
・周りの友達は通販サイトを利用しているのか疑問。アドバイスが欲しい。 ・通販って便利かも。 ・安心なんだ。 ・買い物してみようかな。 ・もう一度公式サイトで確認しよう。	**・友達の誕生日に間に合うように早く注文しよう。** ・予算はどのくらいかな。 ・お菓子とかが喜ばれそう。 ・届くのが楽しみ。 ・ラッピングはどれにしようかな。	**・友達に喜んでもらえたし、対応も早かったので、また注文したい。** ・今度は都心に出るのが面倒なとき、自分用にも使いたい。 ・友達に喜んでもらってよかった。 ・メルマガ特典もうれしい。
・ターゲット層がどんなときに、どのくらいの頻度で通販を利用するのかわからない。（例えば、自分の本は通販で買うが、贈答用は店舗で買うことが多いなどの情報が少ない）	・プレゼントを受け取った人が、顧客になるきっかけ作りをしたい。	・メルマガ以外の顧客への働きかけがない。 ・メルマガを読んでもらう工夫が必要。

ステージ	認知・興味	情報収集
シーン	自宅自室	通学時間・授業中
チャネル	スマートフォン	PC
タッチポイント	公式サイト	SNS・口コミサイト
行動	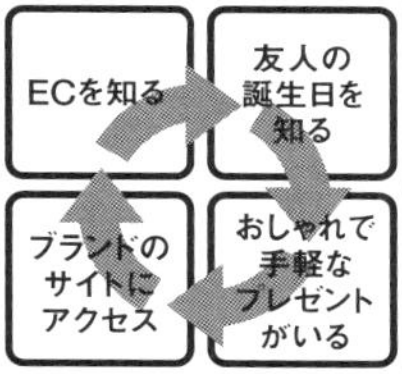	
感情・思考	**・忙しいし、通販もいいかも。** ・送料はどのくらい? ・お店に行くの面倒。 ・すぐ必要だけど、ちゃんととどくかな? ・ギフトラッピングとかどうなってるのかな。 ・実際見て買ったほうがいいかな。	**・通販を急に利用するのは不安。他の人の評価を見てみよう。** ・プレゼントは何がいいかな。 ・他の人は何がオススメ? ・店舗に行くのと迷うな。
課題	・通販サイトを知るきっかけが公式サイト上にしかない。 ・このブランドはプレゼント需要が多いので、サイトでもっととりあげてもいいのではないか。 ・顧客はどんな商品をのぞんでいるのか。	・口コミの評価をあげるため、顧客の要望調査が必要。

図9　カスタマージャーニーマップの例

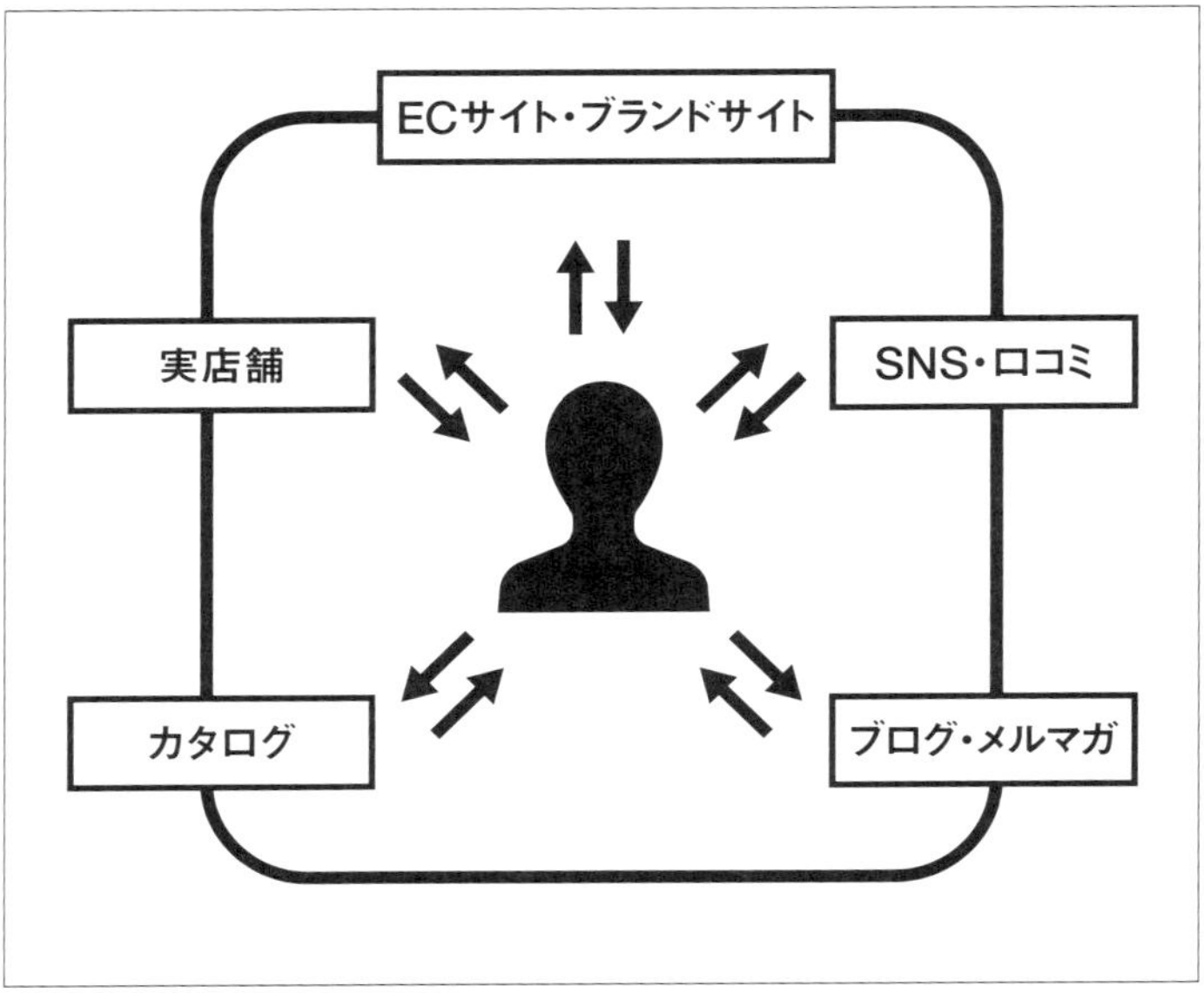

図10　多様化するチャネル

けでなく、それをどう位置づけるかをしっかりと考えておきましょう。

カスタマージャーニーマップで、コンテンツづくりもスムーズに

イメージボードやカスタマージャーニーマップを社内で共有しておくと、ECサイトの制作においてもブレが少なくなります。

例えば、**サイトに掲載するコンテンツの内容もカスタマージャーニーマップから、おのずと導き出されるようになります。**カスタマージャーニーマップをつくるときには、代表的な顧客を想定した人格（ペルソナ）を設定します。ペルソナを設定することで、サイトを見ている顧客は学校から帰る電車の中の男子学生なのか、自宅でくつろぐ中高年の女性なのかで、どんな記事を載せるべきかや、SNSに掲載する写真一つをとっても、選定の基準が自然と統一されていきます。

イメージの共有で、自分たちのアイデンティティ、築きたい信頼関係を自然に判断できるようになる。この効果はとても大きいので、イメージボードやカスタマージャーニーマップの作成をおすすめします。

カスタマージャーニーマップでわかること

自分たちのブランドはどんな顧客に愛されているのか、あるいは、これからどんな顧客に愛してほしいのか顧客像が詳しく見えてくれば、ＳＮＳの更新もしやすくなります。顧客に満足してもらうためには、どんなブランドのパーソナリティで投稿内容を設定していけばいいのかの基準ができるでしょう。

カスタマージャーニーマップをもとに、デジタル領域における数値的な指標や、顧客の反響を見直せば、より深くブランドコンセプトが伝わるＥＣサイトの導線やデザインの改善点を検討できるようになります。

POINT

カスタマージャーニーマップで導線の確認を。迷ったときは、カスタマージャーニーマップに立ち返り、現在の立ち位置を再確認。

3 ブランディングの評価指標づくり

指標を取るためのカスタマージャーニーマップ

顧客の反響は売上、客単価、購入点数、来店頻度、年間購入金額といった、数字で見える結果で測ることができますが、そこにデジタル領域が加わると、コンバージョン率、サイト訪問数、サイト滞在時間、直帰率、離脱率、ＰＶ数、ＵＵ数といった、さまざまな数字が取れるようになります。

とはいえ膨大な数値のどこを見ればいいのかわからないかもしれません。そこで、**カスタマージャーニーマップを参照すると、自分たちにとって必要な数値指標は何かを選び出すことができるようになります。**例えば自宅のＰＣで調べてから店舗にくる顧客が多い、というカスタマージャーニーならば、ＰＣサイトの指標を重視した施策をすれば

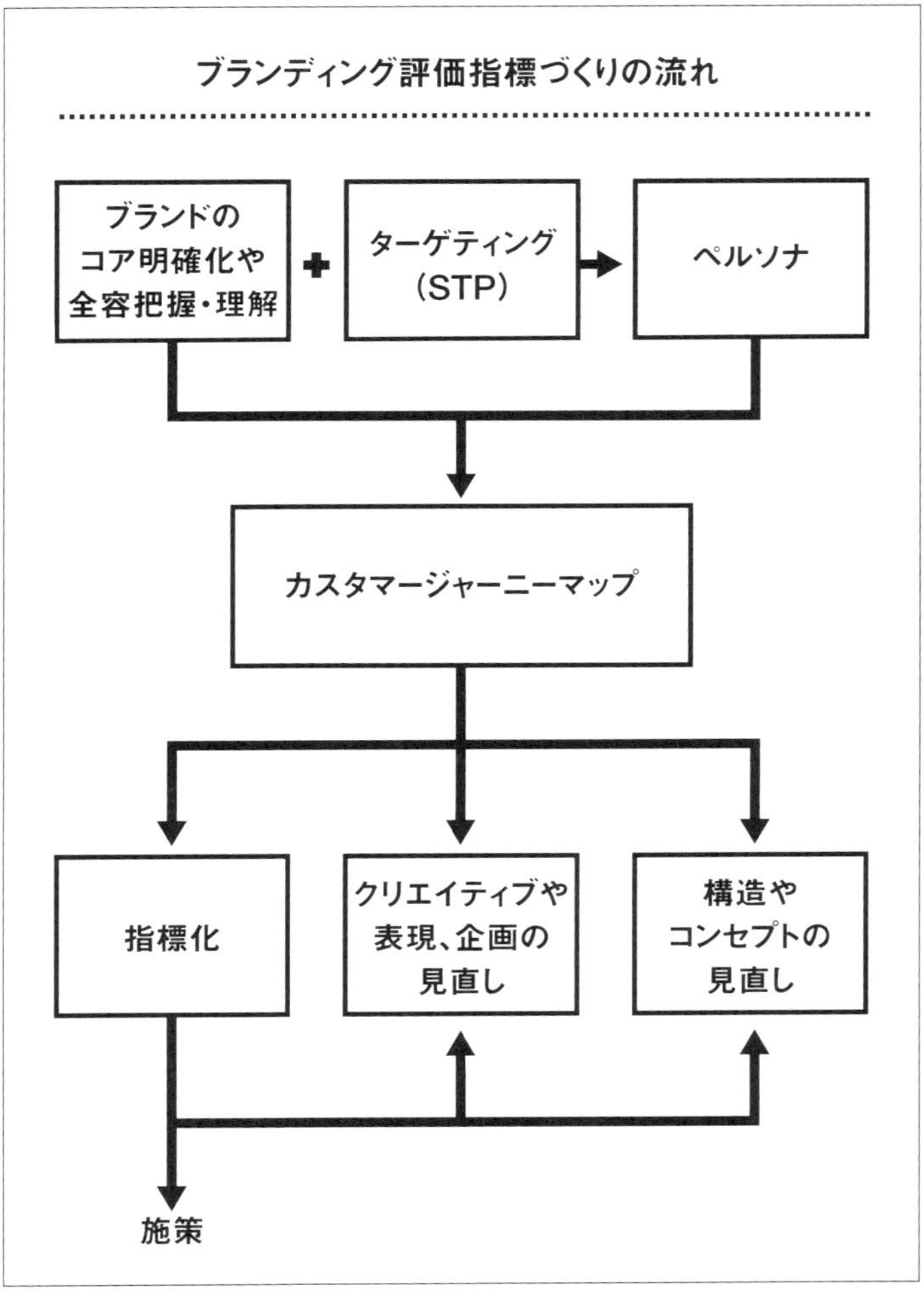

図11　カスタマージャーニーマップから指標やクリエイティブを導く

いいことがわかります。また、デジタル領域の指標は、作成したカスタマージャーニーマップが正しいのかといった検証にも役立ちます（【図11】）。

一番重要な指標はリピート率

デジタル領域では、実にさまざまな数字が手に入ります。あまりにたくさんあるので、どれを見ればいいのか悩むと思いますが、フラクタで指標としておすすめしているのは、Webサイトの場合、リピート率です。

ブランドは顧客との信頼関係の上に成り立っています。もちろん新規顧客の獲得も必要ですが、顧客＝リピーターと長期的な信頼関係を築くことが何よりも大事なこと。その顧客の動向を把握するにはリピート率が一番わかりやすい指標といえるでしょう。

リピート率は、現在ブランドに好意を持ってくれている顧客の割合です。まずは目の前の顧客を大切に、離れていかないように関係を密にしていくこと。すでに自社の商品を購入してくれている顧客ですから、例えばECサイトでもう1品多く購入していただくという購入総額を上げることへのハードルは低いのです。営業コストの面から考えても、まずは現在の顧客をしっかりと押さえることが先決です。ブランディングが進めば、新しい顧客にも自社を知っていただきやすくなります。もちろん新規顧客の獲得をないがしろにしてもいいというわけではありませんから、指標に優先順位をつけるとよいでしょう。

数字にとらわれすぎないように

さまざまな指標を得られるというのがデジタル領域のメリットであるといっておきながら、矛盾していると思われるかもしれませんが、あまり数字にこだわりすぎないでください。ボタンの色を変えたら、注文が少し増えたというデータがあったとしても本当にボタンの色だけが原因だったのか、はあいまいなものです。また短期的にうまくいった施策が、長期的な顧客を減らしていることもあります。お得な施策にだけ反応する離脱しやすい顧客ばかり増えてしまうといったケースです。

商売の相手は人です。対人間のことはデータだけでは測れません。不確定要素を常にはらんでいます。心情的なもの、社会的なもの、数字だけでは割り切れないものだということを覚えておきましょう。

人の心に訴える何かがなければ、商品は購入してもらえません。不確定要素があるのだということを前提に数字を見ていけば、そういうものだと納得できますが、数字がすべてだと思って見ると、成果を見落としがちになります。**数字で成果を出すことが目的ではなく、数字は成果を測る一つの材料として見ることです。**

データ分析は社内でやろう

データ分析は、外部に依頼するのではなく、社内で行うのが望ましいと考えています。

理由は2つあります。

まず、外注するとデータ分析に関するノウハウが蓄積されず、データ分析に詳しい人材が育たないということです。ということはいつまでたってもデータ分析に外注コストを支払わないといけなくなります。データ分析においては、意思決定者が何を知りたいのかが大事。さらに社内のさまざまな政治的思惑を考慮した上で、コミュニケーションを取らないといけません。分析者には、繊細なコミュニケーションが求められるのです。

これは外部で行うのは難しいことです。そして、ノウハウが社内になければ、データ分析を担っていた会社との契約が解除されることになったときに、その後のデータ収集や分析をスムーズに引き継ぐことができなくなってしまい、分析が一時中断してしまう危険性もあります。

もう一つの理由は、時間的ロスをなくすことです。データ分析を社外に依頼する場合、やはり社内で行うよりもレスポンスが悪かったり、時間がかかる場合も多いです。依頼してから1週間程度かかることもあります。そうなると次回の会議までにデータを揃えるなど、スピード感を持って取り組めません。

ただ、限られた人材の中で、データ分析まで手がまわらないという場合もあるでしょう。新しい分野や難易度が高いものであれば専門家の知識が必要です。ですから、どうしても難しい場合は社外でも構いません。そして、優先度の高いものから社内に移していくチャレンジをしてみてください。**ただ外注する場合でも、すべてを外注するのではなく、分析すべき項目の設計は自社で行うのがベストです。**また、データ分析のマネジメントができる人材がいない場合でも、データの中の何を指標に選ぶのかなどの議論は社内で行ってください。あくまで主導権は自分たちが握りましょう。

POINT

実働するまでに、どのように指標をまとめるかを、細かく設定しておけば、実働し始めてからも、ブランディングはブレにくくなる。

4 デザインのよしあしを判断する

知名度があるから、人気だからで選ばない

有名なアートディレクターやデザイナーに依頼して、失敗したという話を聞きます。高額な制作費を支払ったのに、出来上がったデザインは、自分たちのブランドに合っていないような気がするし、社内からは不評。「修正を依頼しにくかった」、「何もいい返せなかった」など、失敗談は尽きません。

いくら有名なデザイナーだからといっても過信は禁物。有名な人はもちろん実力があり、実績もあるのはほぼ間違いのないことです。しかし、だからといってその人が必ず自分たちのアイデンティティに沿ったデザインをしてくれるとは限りません。

デザインには自信がない。ならば自分で判断しない

プロジェクトリーダーとして実務に関わっていけば、システムのことも覚えていきますし、コンテンツづくりもスピードアップしてくるでしょう。しかし、デザインはどうでしょうか？　今までまったくデザインのスキルがない場合は、いくらブランディングの舵取りまで担うようになったプロジェクトリーダーであっても、なかなかデザインのよしあしを見極める能力を高めるのは難しいように思います。

デザインに自信がなければ、デザインは自分で判断しないほうが賢明です。社内のデザイナーや、デザインに明るい人を味方につけ、チーム戦で進めていきましょう。

よいデザイナーの見分け方

本来であれば、デザイナーのこれまでの作品を見れば、ブランドのコンセプトにあったデザインをしてくれそうな人であるかどうかの判断はつきます。しかし、デザインス

キルがないのであれば、作品を見るだけでは判断できないと思います。ではどうすればいいのでしょうか。

非常にシンプルな答えになりますが、「そのデザイナーが信頼できそうかどうか」で判断する方法もあります。信頼はデザイナーの仕事に対する姿勢で判断します。

ベストな方法としては、そのデザイナーの仕事ぶりを第三者に聞くことですね。イチローのように常にヒットを飛ばせるデザイナーならば問題ありませんが、なかなかそうはいきません。デザイナーには浮き沈みがあるので、むしろ沈んでいるときにどんな対応をする人なのかも聞けるといいでしょう。アウトプットだけでなく、本人の印象や直感も判断材料になります。例えば、どんな服を着ているのか、ブランドの雰囲気にあっているか、常に清潔であるなど身なりに気を配っているか、などデザイナー本人の印象を観察してみてください。そのブランドにデザイナーの印象がフィットしていれば、仕事ぶりにも期待ができますね。

それからデザイナーの説明をしっかり聞いてください。「デザインはプロのデザイナーに頼めば完結！」ではなく、かたちになるまでの思考プロセスを任せっきりにしないことです。**一緒に考えることが大事で、どんな方向性にしたいのか、何が大事かをしっか**

り話し合ってください。わからないことは臆せずに聞きましょう。

もちろん、人柄だけで判断するのは限界があるので、時間をみつけて少しずつデザインの勉強をすると自信につながります。これからのビジネスという広い意味でとらえれば、デザインが重視されることは間違いありません。全部を勉強する必要はないので、色彩だけでも勉強しておくと、とても役に立ちます。

思っていたものと違うデザインが上がってきた場合の対処法

いざデザインが上がってきたときに、なんとなく違うなと思うことがあります。その場合は、「どうしてこのデザインにしたのか」と質問してみましょう。そこで、その理由を丁寧に説明してくれないデザイナーは、そもそもよいデザイナーとはいえませんが、なんとなくイメージと違うからダメだと決めつけないことです。

デザイナーの説明を聞いて、なるほどと思うこともあるでしょうし、やはりイメージと結びつかないと思うこともあるでしょう。そうした場合は、「このデザインはもう少し○○の要素を盛り込んだデザインをつくってもらえますか？」と聞いてみてください。

きちんとこちらの意をくんだ上で反映し、さらにそれをより発展させたものを提案してくれるデザイナーは、優秀なデザイナーです。

POINT

有名や人気では測れない、デザイナーはまず人柄を見ること。そしてじっくり話すこと。

5 具体的なデザインの依頼をするために

そのオーダーは、具体的ですか?

デザイナーやデザイン会社への発注の際には、イメージだけでなく、具体的な要求も必要です。例えば、ECサイトのデザインを依頼したとします。カスタマージャーニーマップと照らし合わせながら、ECサイトの役割を再確認し、「このページでは、○○が重要です」ということを明確に示しましょう。

ECサイトをつくるときは、そのブランドでお客様が商品を購入する際に重視するポイントを考えます。例えばすぐに買いたいという顧客のためにとにかく探しやすさと読み込みの速さを重視してほしい、実店舗を訪れたときと同じ体験をしたい顧客のために高級店の風格を感じさせてほしい、商品の情報を詳しく知りたいという顧客のために関連商品を比較しやすくしてほしいといったことです。

最終的には、このような要求すべてをある程度満たすサイトをつくらなければなりませんが、優先順位を決めておくことは重要です。

「あのＷｅｂサイトの雰囲気が好きだから、これに近い感じ」といったあいまいなオーダーを避け、具体的な要求を伝えましょう。

意思決定がコロコロ変わるとロスの原因に

プロジェクトリーダーがデザインに明るくない、だから社内のデザイナーなどに声をかけ、デザイン会社との会議に参加してもらい、打ち合わせを重ねてきた――。だとしても、最終的に決断するのは、プロジェクトリーダーの仕事です。

包装紙、ショッパー、パッケージ、広告、Ｗｅｂサイトのデザインなど、ブランディングにおいてデザインの判断を求められることはたくさんあり、それが部署をまたいでいる場合も多いです。しかし同じ一つのブランドのビジュアルを、各部署がそれぞれに判断すると、統一感がまったくないビジュアルが完成してしまいます。必要に応じて周囲の人の意見を聞きつつ、しかし最終的なジャッジは一人が行います。必ずしもプロジェクトリーダーでなくても構いませんが、**デザイン周りの決裁権を持つ人は、この人と決めておきましょう。**

スタイルガイドがあればデザイン方針が一目でわかる

スタイルガイドは、Ｗｅｂサイトにおけるロゴやアイコンの使い方や、書体、色などデザインの方向性に関わるルールをまとめたものです（【図12】）。デジタル・アナログ関係なく、制作物に一貫性を持たせるために制作しておくと、とても便利です。

デザインを依頼するときにスタイルガイドを添えておくと、ルールを守りながらデザインしてくれるので、最初からブランドのイメージに近い状態のデザインからスタートでき、デザインの方向性の検討に余計な時間を使わず、スムーズにプロジェクトを進めることができます。デジタルとアナログ、共通して使えますし、誰かが会社を辞めたり、他部署に移動になった場合にも、引き継ぎ資料として役に立ちます。

今までに制作を依頼していたところとは別の制作会社に依頼する場合は、マストアイテムです。Ｗｅｂサイトのリニューアルを依頼した場合には念のためスタイルガイドの作成もその中に含まれるかを確認しておきましょう。

POINT

あいまいなオーダーは絶対にしない。
スタイルガイドなどで具体的なオーダーをしよう。

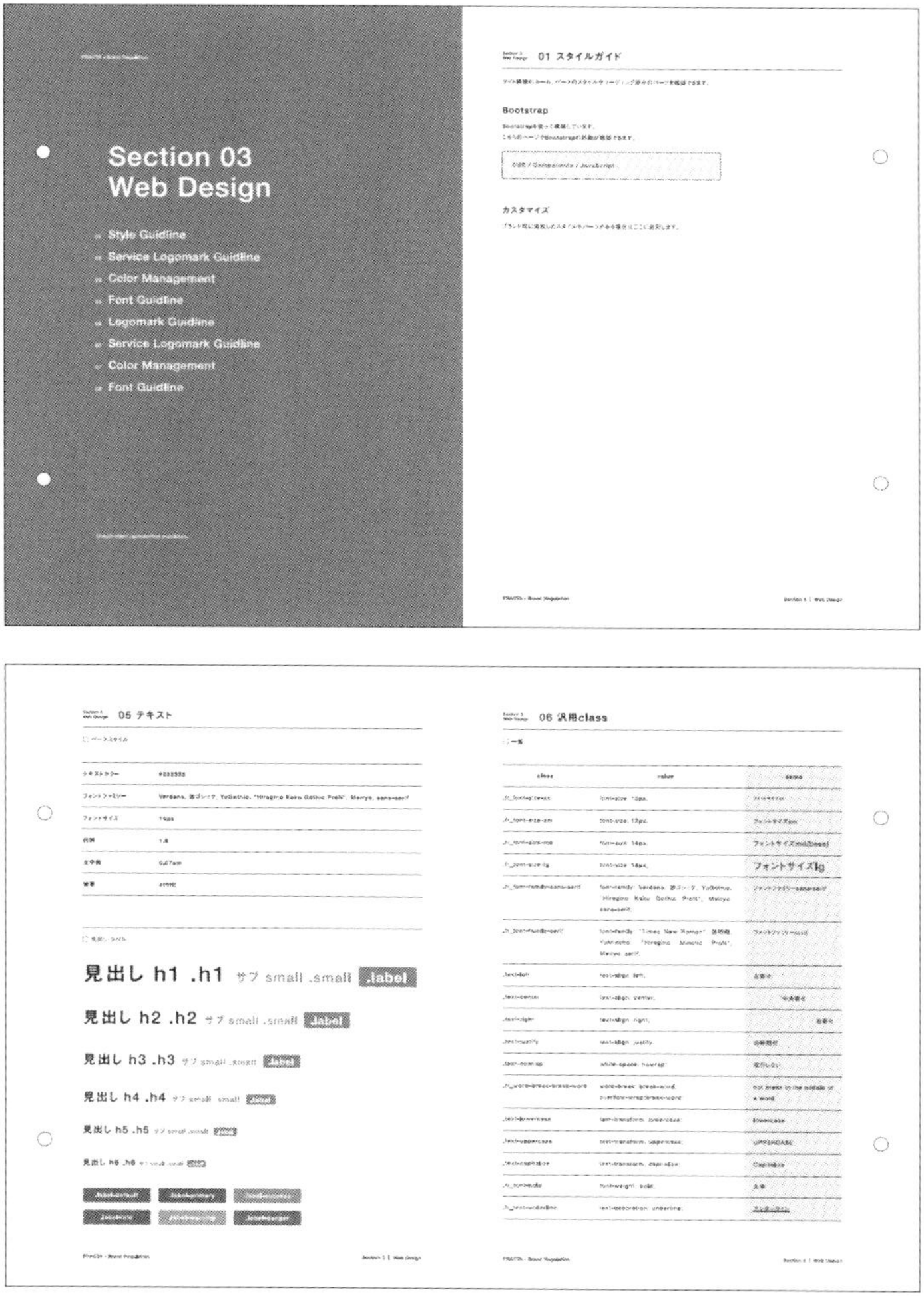

図12　スタイルガイドの例

6 システムベンダーと上手に向き合うコツ

システムベンダーには目的を伝える

デザイン会社以外で、外部の制作会社に作業を依頼することを想定すると、一番多いのはシステムベンダーにＥＣサイトのシステム構築などを依頼する、サイト内のコンテンツの制作を依頼するといったケースが考えられます。

デザイン制作会社にデザインを依頼するのと同様に、システムベンダーと上手に付き合うには、まずはコンセプト。そしてカスタマージャーニーマップを活用して、ＥＣサイトを制作する目的を明確に伝えることが大事です。一つのチャネルでブランドのすべてを表現することはできないので、このチャネルが果たすべき目的は何なのか。カスタマージャーニーを見ながら再確認してみてください。

あなたにデジタル領域の知識がないからといって、「全部お任せします」と先方に丸投げしてしまったら、思ったような完成品は上がってこない可能性が高いです。デジタル領域の知識がなくても、制作会社の判断基準になるものを伝えることはできます。例えば、「ECサイトでは商品の細かいスペックや金額を知ってもらうことに重点を置きたい」「ECサイトは立ち上げるけれど、店舗で購入してくださるお客様を大事にしたいので、店舗のイメージを共有できるようなECサイトにしたい」といった目的を伝えてみましょう。その際に、難しい専門用語を多用する必要はありません。相手が優秀なディレクターであれば、むしろ専門用語を使わずに説明してくれると思います。

また、さまざまなWebサイトの中でも、ECサイトは少し特殊です。ECサイトの制作を制作会社に依頼する場合は、ECサイトの制作実績が豊富であるかどうかをチェックすることも忘れないようにしましょう。

重要ポイントだけ理解する

少しでも時間に余裕があるならば、デジタル領域のことを勉強してみてください。システム、サービス構築、保守運用などすべてを理解するのは難しいことですが、いくつかのポイントを抑えておくと、全体像をつかむことができます。

まず納期ですが、簡単なECサイトの制作だと思っていても、案外時間がかかるものです。制作期間はできるだけ長く見ておくと安心です。目安として、コンセプトづくりから入るならば、短くて半年は見ておきます。コンセプトが決まっていて、本当にシンプルな構成のECサイトの作成ならば、2カ月前後からです。サイトの公開日がすでに決まっているならば、制作期間の中で最低限これだけはというものを優先的に制作していく作業方針を立てます。納期が決まっていないならば、このECサイトで実現したいことを制作会社に伝え、どの程度の制作期間が必要かを割り出してもらいましょう。

特に時間がかかるのはコンテンツです。どんな内容にするのかを決め、必要であれば取材を重ねていく作業は、想像以上に時間がかかります。それからECサイトの場合は、商品登録に時間がかかります。一つの商品に対して写真が複数ある場合は、その写真をすべてアップするための手間は相当ですし、適切な写真がなければ撮影も必要になるでしょう。

さらにECサイトの場合は、決済会社に審査を通す必要があります。この申請には1

カ月半以上かかるので、早めに申請しておかないと、ECサイトのオープン時に間に合わないということになりかねません。特にクレジットカードでの決済を可能にしたいなら、早め早めに申請しておくほうが安心です。

それから独自サイトから新サイトへ顧客情報を移行するならば、時間だけでなく手間もかかります。会員にパスワード変更などを通知したりセキュリティ対策をしたりと、かなり神経を使うところです。

制作費オーバーを未然に防ぐために

デジタル領域の知識が乏しいために、提案されたシステムが本当に必要なのか判断できず、気が付いたら制作費が膨れ上がってしまったということは、よく聞く話です。

この場合の対処法は簡単です。最初に予算の上限を伝えます。

ただ、ECサイトの場合は、その多くがパッケージ化されているので、オプションをたくさんつけたり、カスタマイズを複数行わない限り、予想外の制作費を上乗せされることは少ないはずです。ただデザインのやり直しなどを何度も依頼すると、追加料金が発生します。またコンテンツが少ないように思えるＥＣサイトでも、商品の説明文などたっぷりとテキストを書くケースが増えています。制作時間もかさみ、制作費も高額になりがちです。スケジュールに合わせてコンテンツを計画的に内製できれば、コストを安く抑えることができます。

特に最初のつくり方として最も効果的なのは、すでに用意されている機能などを、うまく使いこなしていくかたちです。カスタマイズなどをすると、どんどんとコストが跳ね上がり、サイトの完成までにかかる時間もどんどんと積み重なってしまいます。サイトが完成、オープンするまでは一切の売上が発生しませんので、本当に必要なものだけに絞り込んで、要望を伝えることが肝要です。

POINT

コンテンツ制作に顧客情報の管理など重要なポイントを押さえよう。

7 検証しながら軌道修正

つくっただけではまだスタート地点

ブランディングの難しさは継続し続けることにあり、終わりがありません。いってみればブランディングは企業が廃業しない限り延々と続いていくものです。会社の長い歴史の中で、どうしてもブレやズレが生じてきます。

コンセプトを社内で共有し、イメージボードやカスタマージャーニーマップを作成し、ECサイトをはじめデジタル領域を整備する。ここに至るまでも、やることがたくさんあったと思いますが、これからが本番です。

仮説、実験、検証結果をアップデート

指標をもとに、仮説を立てながら実験し、検証結果をアップデートしていきます。

例えば、コンテンツの内容を変える、バナーの位置を変えるといった仮説を立てながら、実験して検証していきます。こうした小さな実験をすぐに実行できるところも、デジタル領域のメリットです。結果が芳しくなければ、また実験を行い、違う方法を考えればいいのです。

その際に重要になるのが指標です。漠然と評価していては意味がなく、一定の数値を設けて、どこまでいけばよしとするのかという基準を設定します。仮説を立て、検証をしていきますが、その結果指標がよくなかったとしても、がっかりする必要はありません。やり方を変える必要があることがわかるからです。ですから、検証結果がよくても悪くても判断基準になります。実験結果を見ながらいろいろなやり方を試していきましょう。

そうして得た検証結果をもとに、新しいシステムの導入や開発費用の交渉を、上司に

行います。小さな実験を繰り返して得た検証結果は、何よりも信用できるデータです。結果が数値に現れるまで、経費を最小限に抑えながら運用してきたはずです。何もチャレンジしていない仮説での提案とは比べものにならない説得力が生まれます。結果が出るならば、上司も無下に反対できないでしょう。

PDCAを繰り返す、それしか達成への道はない

ある会社のトップはそれまで現場に自身が立ち、トップの想いを直接伝え続けることで常にコンセプトを共有することを大切にしてきたのですが、リブランディングをきっかけに若い人に現場を譲ったそうです。ところが、その後業績はガタ落ち。結局トップが現場に戻るという事態を迎えました。

当時を振り返り、トップは、「リブランディングで目指したことが、社内で表面的にしかとらえられていなかった」といった趣旨のことを話していました。長い歴史がある企業ですら、ブランディングで失敗するのです。

自分たちが進めているプロジェクトにブレがないか、繰り返し確認し続けることでし

か、ブランディングを達成することはできません。ビジネス用語でいえばＰＤＣＡです。ＰＬＡＮ（計画を立てる）、ＤＯ（実行する）、ＣＨＥＣＫ（評価する）、ＡＣＴ（改善する）を繰り返し続け、方向がズレてきたら、すぐに修正すること。ブランディングの成功の秘訣は、これに尽きます。

POINT

検証を繰り返して得たデータは、上司を説得できる。

COLUMN

事例／土屋鞄製造所

土屋鞄という人格を好きになってもらう、顧客に愛されるブランドのつくり方

店舗やカタログといったアナログ領域、そしてECサイト、SNSといったすべてのチャネルを通してブランドの世界観を伝えるにはどうしたらいいのでしょうか。

ここでは、フラクタのお客様であり、ブランドパーソナリティを上手に表現され、かつ発信し続けていく過程においてブレることなくブランディングを進めていらっしゃる株式会社土屋鞄製造所（以下、土屋鞄）を例としながら、顧客に愛されるブランドづくりに必要なことを考えていきたいと思います。

どのチャネルでも世界観を壊さず、同じ体験をしてほしい

土屋鞄のECサイトのプロジェクトリーダーからいわれたことで、とても印象に残っ

ていることがあります。

「ECサイトで商品を注文されたお客様が購入ページに進んでいく過程でも、最後の最後まで土屋鞄という世界観をなるべく崩さないようにしたいです」

土屋鞄のお客様に対する企業姿勢が本当によく出ているなと思います。

これはよくあることなのですが、例えば先にコーポレートサイトが制作されていて、後でECサイトを制作したために、コーポレートサイトとECサイトのデザインのトーンが統一されず、同じ会社のサイトには見えないくらいイメージが違う。商品紹介のページはとても雰囲気がよくておしゃれなのに、いざ購入ページに進んだら急に商売っ気が強くなったのか派手でギラギラしていて、なんとなく嫌な感じがしてしまう。そんなECサイトはたくさんあります。

ですが土屋鞄は最初の打ち合わせの段階で、どのチャネルにおいても世界観のズレが生じないようにしたいという明確な意思をお持ちでした。

1965年にランドセルの製造からスタートし、今では皮革製品の企画・製造・販売などを行っている土屋鞄は、1998年にEC事業を開始して、モール型のECサイトに出店していますが、独自の世界観を十分に表現できないということを理由に、2000

年に自社のＥＣサイトを開設しています。追って始めたＳＮＳで関心を持ったユーザーが、ブログやカタログを見て情報収集し、ＥＣサイトや実店舗で購入するという流れができています。

少しずつ増やしてきたチャネルのすべてにおいて世界観を統一させたいという思いは、使いやすさにこだわったデザイン性や、職人さんの高い技術力に裏付けされた丈夫さで、長く愛されるシンプルな商品づくりを頑なに守ってきた土屋鞄のものづくりに通じるものがあります。ＥＣサイトが雑な仕上がりでは、ブランドとしての整合性が取れない。だからこそ、どのチャネルも丁寧に制作したいと、デジタル領域を拡充していく上での方向性にもブレがありません。

商品カタログがミッションステートメントの役割を担う

どうしてここまでブランドイメージがブレないのでしょうか。

土屋鞄の場合は、昔から制作していた商品カタログが一つの判断基準になっていたというのが大きいと思います。

土屋鞄では、ＥＣサイトやＳＮＳの運用を専門に行うチームはなく、カタログ、コンテンツ制作を行う販売促進部のメンバーが兼務しています。販促物のライティング、デザイン、撮影は社員で行い、カタログ、ＥＣサイトで発信する内容は、販売促進部の主要メンバーがすべてチェックして、世界観のブレを防いでいます。土屋鞄らしいかどうかを判断するために、そうした社内でのコミュニケーションを円滑にすることにも手を抜きませんが、企業の想いを一つにまとめたものが商品カタログであり、バイブルのような存在として社員全員に認識されていました。

フラクタでは、社内向けのワークショップを行いながら、ミッションを明文化するようにアドバイスしていますが、土屋鞄には明文化されたものがありません。しかし、商品カタログがその役割を担っているので、ブレることがないのです。

土屋鞄という人格を大切に

そうしたバイブル的な存在があるため、ＳＮＳなどの投稿やＥＣサイト内のコンテンツづくりも、ブランドイメージを崩すことなく運用ができています。

土屋鞄のＳＮＳには、季節の花々や工房から見える風景が写真で掲載されます。これらは製品には直接関わりがないものですが、土屋鞄の世界観を表現できるアイテムとして度々登場します。そこには人の温もりといった温度感、季節を愛でるという心の移ろい、日常的な出来事への愛着やあたたかい眼差しがあり、ユーザーの心に共感を呼び込みます。コンテンツの放つイメージが、土屋鞄という人格を描き、顧客に土屋鞄という人格を好きになってもらうことにつなげているのです。

土屋鞄の主力製品は５万円～と決して安くはありませんし、製品が長持ちするので、頻繁に購入するものではありません。しかし土屋鞄の顧客はＳＮＳやメルマガなどを通して常に土屋鞄を身近に感じています。店舗やメディアで商品をチェックした顧客が、実際に購入するまでに数カ月期間が空くことも珍しくないそうですが、長期スパンでの購買パターンは、日々のファンとの交流の賜物であると感じます。

実店舗、カタログ

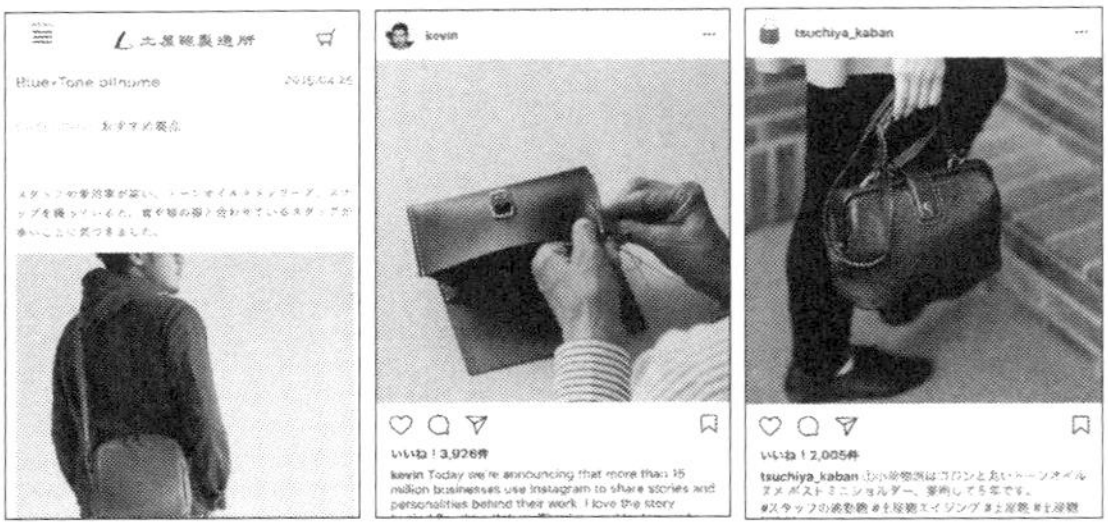

ブログ、SNS

ECサイト

図13　土屋鞄の取り組み

第4章

ブランディングできる人材を育てる

幅広いデジタル領域でブランドを構築していくためには、プロジェクトリーダーが一人で奮闘していても手が足りません。人材をどうやって確保すればいいのでしょうか。ブランドもデジタル領域も理解している人材を確保するのは至難の業です。しかし、ECサイトのブランディングは、採用活動においてもよい効果を与えるのです。

1 デジタル領域の深刻な人材不足

ブランディングが進むと人材の問題に行き着く

自社のデジタル領域を拡充していくための方向性も定まり、ＥＣサイトの制作も動き始めたら、サイト内のコンテンツを拡充したり、スマホサイトに対応したりと、業務はどんどん増えていきます。プロジェクトリーダーがどんなに頑張っても、すぐにオーバーワークになるでしょう。

ＥＣサイトは、常に一定の水準で更新され続けることが重要です。しかし、制作チームに人員が足りていなければ、更新業務がすぐにストップしてしまいます。更新業務がストップすれば、ＥＣサイトに再訪問してくれる顧客は減り、顧客との信頼関係が築けず、ブランドの価値を高める活動が途切れることになります。**デジタル領域においては、**

チームで作業を進めることがとても大事です。しかし、人材不足というのは、制作チームにとって一番の課題、どんな会社も悩みの種です。

給与や職種以外に企業の魅力を提示できますか？

はじめにいっておきますが、デジタル領域の採用は厳しいのです。

なぜ厳しいのかというと、現代社会においては、あらゆる領域でデジタル化が進んでいるため、慢性的に人材が足りないからです。需要がありながら、人材不足である原因はさまざまですが、子供のころからデジタル領域について勉強できるような教育体制や、世界のトップレベルの学びを得られるような教育機関が整っていないことも一因です。できる人は奪い合い、採用は難しいということを前提としなければいけません。

一般的な転職相場以上の給与を提示したり、新規技術を導入して、個人のスキルアップができる制度や機会を整えたりすることができればそれに越したことはありませんが、ハードルは高いですよね。ですが、実はＩＴ分野に精通した人材に魅力を感じてもらうための簡単なやり方があります。

答えは簡単で、会社や、そこで働く人たちそのものに魅力を感じてもらうことです。「この会社に入って、一緒にこのブランドの魅力を伝えたい」と思ってもらえるものがあるか、それが人材採用の成否を決めます。ブランドのコンセプトに共感し、愛着を持ち、この会社の一員となることに誇りを持ってもらえる人を集められるかが重要なのです。ＩＴ業界で有名だった一流のエンジニアが、自分の好きな商品やサービスを扱っている会社で働くようになるケースも珍しい話ではありません。

ここまで読めばもうおわかりだと思います。今までプロジェクトリーダーとして、ブランディングを行ってきたことが、人材採用にも生かされるのです。ブランディングは商売そのものであり、生き残っていくために行うものです。その効果は、人材採用にも大いに発揮されます。

求人ではブランドの価値を最大限アピール

誰もが社名を知っているような会社であれば、自ら入社したいという求職者が殺到するかもしれませんが、あまり社名の知られていない中小企業では、求職者が入社後の自分の働き方をイメージしにくいこともあり、人を探すときに苦労します。

フラクタにも以前は、採用専用のＷｅｂサイトやコンテンツを作成してほしいという依頼が多くありました。一人でも多くの求職者の目に留まりたいと思うからこそ、「インパクトのあるデザインにしてほしい」、「若い人に評価されるよう、かっこいいデザインがいい」など注文を受けました。しかし、それだけで本当に自社が求めるような人材が集まるのでしょうか？

まずは会社に興味を持ってもらうための施策をしていきましょう。ＥＣサイトのブランディング活動をしていれば、企業ブランドの打ち出したいイメージや強みを理解しているはずです。求人において、企業紹介として何を打ち出せばいいか、なんとなく浮かんでくると思います。ブランドの構築を任せていく人材を求めているなら、まずはブランドに共感してもらえる状況を整える、これが長い目で見ると採用の近道です。

POINT

ＩＴ系の人材は奪い合い。企業ブランドの確立は採用にも好影響を及ぼす。

2 採用を後回しにしない

人材を追加すればいいタイミングは今！

ＥＣ事業を担う人材を採用するのにベストなタイミング、それは「今すぐ」です。先ほどお話したように、ブランディング活動を進めていけば採用がうまくいくようになります。それは事実ですが、すぐに効果が出るわけではありません。ですが、**デジタル領域のブランディングを始めることは喫緊の課題、採用はすぐに行いたいものです。**

そうするとブランディングのコンセプトが決まって、ＥＣサイトのリニューアルの方針が決まってから採用を始めるのでは遅いのです。今開いているこの本を閉じてすぐに採用活動を始めてほしいぐらいです。私たちフラクタが支援してきたプロジェクトリーダーの方々を見ていても、デジタル事業を始めてから2年目に入ると、チーム体制の充実や採用についての相談を受けることが多いです。

本来であれば、デジタル領域を拡大していくぞと決めた段階で、人材を採用するための準備を行うべきなのですが、初めてWeb事業のチームをつくるケースでは、人材採用が後回しになりがちです。

プロジェクトリーダーがデジタル領域に明るくないのであればなおさらです。自分たちの会社に興味を持ってくれて、少しでも入社してみようかなと思ってくれるようなIT人材がいないか、積極的に働きかけましょう。チャンスを逃してはいけません。

人材に求めるものを事前に確認

デジタル領域を拡大していくにあたって、たくさんのチャネルの中から、まずはブランドサイトをつくろうとか、ECサイトは必要だとか、何から手をつけて、最終的にどこまで整備していくのかといった目標を立てたはずです。最初から全部に着手するのは、人材が足りていなければ、そもそも困難なので、できるところから着手するかと思います。

では、第一歩を踏み出すためにはどんな人材が必要なのでしょうか。ＳＮＳは自分たちでもできるけれど、ＥＣサイトのシステム構築は自分たちではできない。すべてを社内で賄えないけれども、この部分だけ外部のサポートを受ければ何とかなるなど、身近なところから見直して、考えていくと、自社の求める人材像が見えてきます。

社内の状況を整理してから、「自分たちには、こんな人材が足りない。だから採用したい」と理由を明確に述べて、上司に採用を打診することで、社内の理解を促すことにもつながります。

ＥＣ事業チームに求める人材像を考えるということは、実はこれまでのブランディング活動における、改善点を検証することにもつながります。

例えば、外部の制作会社がいっていることを理解し、対等に話ができる人がいなかった、などつまずいた理由がわかれば、同じ失敗を繰り返さないで済みます。また外注に出すことなどと比較して経費面の算段をしてみると、こういうスキルを持った人を採用した際に、どの程度の給料を出せばいいのかということに対しても見当がつけられます。

POINT

今すぐデジタル領域の人材を採用しよう。社内で必要な人材を調査。

3 採用しやすい社内体制を整える

給与体系の見直しにまで及ぶIT人材の採用

年齢が若くIT技術を使いこなすエンジニアやプログラマーと呼ばれるような人たちを適正に評価するとき、勤続年数や年齢に応じて給与体系やポジションを決めるような年功序列の仕組みが適合しません。仕事ができる人は短時間で人の何十倍もの効果を出すのに、給与は年齢で決まる、というようなことになってしまいます。初めてIT人材を採用するような会社では、**給与体系の見直しから始めなければ採用ができないということです。**これはとてもハードルの高い作業になります。経営層に社内体制の見直しまで提案していかなければいけない。なかなかの大仕事です。プロジェクトリーダーは、この人材採用に関する難問をどう解決したらいいのでしょう。

慣例を突破するには、第三者に頼むものアリ

その場合は、私たちフラクタのような**社外、第三者を介入させて、会社が生き残っていくために、デジタル領域の人材拡大が必要だという意見を経営層に上げるとスムーズにいくことがあります。**第三者の意見として、例えば給与の特例を提案するのです。

これはブランディングを進める上でもいえることなのですが、やはり会社の歴史が長くなればなるほど、これまでの慣習が付いて回ります。プロジェクトリーダーを任命されるくらいですから、あなたは上司に見込まれた優秀な人です。とはいえ、自身も働いている会社で、給与や人事に関する大それたことはいいにくい、と思う人もいるはずです。そういうときにこそ、第三者の視点や意見を入れることが意味を持ちます。

フラクタでは、人材採用もお手伝いしています。ＩＴ業界・デジタル領域に詳しくない人が採用担当者になって、履歴書を見て少し話をしただけでは、なかなかその人の本当のスキルやポテンシャルを判断するのは難しいものです。職務経歴書には、有名なプロジェクトに関わっていたとか、ある分野のエキスパートであると書いてあっても、応

募者がどれだけそのプロジェクトに貢献したのか、技術力がどれだけあるのかはわかりません。

しかし、ある程度デジタルの素養があれば、求職者と話して、求職者がどんな気持ちで仕事に関わっているのか、そして実力はどの程度なのかが判断できます。

例えば、特定の分野で普段チェックしているサイトを挙げてもらうだけで、求職者がどれだけその分野について勉強しているのかもわかります。華やかな職務経歴書で適正を見誤らないように、第三者の意見を活用することも検討してみてください。もちろん、その人が企業のカルチャーになじむかどうかなど、外部からは判断しづらいところはしっかりと自社の視点から見るようにしましょう。

ＩＴ人材の採用には勉強が必須

私たちがお客様を見ていると、デジタル担当のチームが最初から花形になっているケースは少ないです。だからこそ、プロジェクトリーダーが中心となり、デジタル領域でブランドを構築していく意義を啓発していかなくてはなりません。そしてデジタルのことをもっと勉強していく必要があります。

ただ勉強するといっても、プログラミングを勉強するというより、世の中でどんな新しい技術が生まれているのか、消費者の関心はどこにあるのか、自分たちの事業には何が足りないのかを考え、プロデュースするのです。**もはや世の中の動きは、デジタル抜きに語れません。**世の中の動向を知るだけでも、どんなデジタル人材を採用すればいいのか、そのヒントが得られるでしょう。

POINT

給与体系やIT人材の採用の壁を突破するためには第三者を活用することも一つの方法。

4 社内人材を見直す

ダイヤの原石は社内に隠れている

デジタル領域でのブランディングを進めていくためには、どうしても人材が必要。でも採用が進まない。そうなった場合の打開策は、社内人材の見直しです。

例えば、現在は実店舗で販売を担当しているけれど、実はプライベートで長年ブログを更新し続けてきて、ＳＮＳなどに強い関心がある。ＥＣサイトをリニューアルするというのでおもしろそうだなと思っていたとしても、自分は販売の仕事しかしたことがなくて、ＩＴ系の経験がないから難しいだろうとあきらめている……。これは一例ですが、探してみると、そんなダイヤの原石が社内で見つかるかもしれません。

「ただの趣味なんです」という人をみつけよう

あなた自身もこんな経験はないでしょうか。

「こんな仕事に関わってみたいけれど、部署が違うので携わるきっかけがない」

「興味のあるプロジェクトがスタートしたけれど、今抱えている仕事が忙しくて参加している余裕がない」

どんな会社でも、仕事量に見合うだけの十分な人員がそろっている部署は決して多くはないでしょう。しかし、部署をまたいでプロジェクトに関わりたい、興味のあるプロジェクトに参加したいと思っていてもできない人は、意外にも多いのです。

それから、学生時代の趣味はプログラミングで、簡単なゲーム程度ならつくったことがあるとか、当人が「ただの趣味だから」と思い、特に公にしてこなかったことが、素人レベルを超えたものであったり、才能であったりする場合があります。

勉強会やイベントをきっかけにする

本人は「ただの趣味」と思っているから、自分から進んで公言するようなことは少ないでしょう。では、どうやってみつけたらいいのでしょうか。

ここでも重要になってくるのは日頃のコミュニケーションです。休憩時間などを利用して、長年会社に勤めている従業員に、「〇〇に興味がある人って社内にいる？」など聞いてみると有力な情報が得られるかもしれません。

そして、デジタル領域のことに興味を持つ人が見つかったら、勉強会やイベントを開いて、「興味があったら来てみませんか」と気軽に誘ってみます。デジタルチームに参加してほしいなど、最初から仕事に直結するような話はせず、まずはその人の趣味がどの程度のものなのか、デジタル領域のことにどの程度興味があるのかを確認します。

参加する側も、ただの勉強会だと思えば参加しやすいはずですし、仕事終わりの勉強会に参加してくるなら、興味の度合いは高いと判断できます。

そうして集まってくれた人の中から、適任だと思える人がいたら、スカウトしてみましょう。

ポイントは2つ、興味があって会社が好き

デジタル領域に向いている人とは、どんな人なのでしょうか。

クライアントから相談を受けたとき、私たちが答えている条件はたった2つです。

・デジタル領域に、何かしら興味がある人

・自社のブランドが好きな人

つまり実務の経験者である必要は一切ありません。とても簡単なことでいいのですが、写真が趣味でブログやＩｎｓｔａｇｒａｍで自分の撮影した写真を公開しているとか、ＳＮＳにハマっているとか、スマホやタブレットなどＩＴ機器が好きで、最新機種が出たらつい買ってしまうとか、何かしらデジタル領域のことに興味があって、好きかどうかだけに集中して判断します。**好きな人は、一つ知識を得ると、さらに興味がわい**

て、スキルを上げていくことができるので、知識の吸収が早いのです。

ただコンテンツを更新する作業一つとってみても、デジタル領域のことに関わると、必ず自社と向き合うことになります。ブランディングが必須なので、会社が好きでなければ業務が楽しめません。ですから、会社のことが好きな人であることを二番目の条件として挙げます。

POINT

雇えなければ、社内人材を発掘しよう。経験はゼロでもいい。デジタルチームにスカウトすべきは、デジタル領域に興味があって、会社が好きな人。

5 デジタルネイティブがブランディングの問題を解決する

デジタルネイティブはサイトの使い勝手に敏感

社内人材に関していえば、新入社員に注目してみるのも一つの手です。

特に20代半ばくらいまでの若い世代は、生まれたときからパソコンが身近にあり、物心ついたときからスマートフォンなどに触れて育っています。**日常的にスマートフォンのアプリやサービスを使いこなしているので、直感的にどのようなサイトが使いやすいのか、とか、ちょっとした読み込み時間が顧客にストレスを与えるかなどといった、サイトの使い勝手にまつわる課題をよく理解しているのです。**

先日、「新卒社員がスマートフォンやタブレットなどには慣れているけれど、パソコンを使いこなせないことが嘆かわしい」といった趣旨のニュースが話題になっていましたが、一概にそのような偏見を持つのは危険です。経験上、彼らのようなデジタルネイティブたちは、直感的にデジタル機器を使いこなしているので、今までパソコンを使ったことがなくても、一度触れたら驚異的なスピードで覚えてくれる可能性があります。

SNSを見る目がこえている

デジタル領域のブランディングにおいては、ＦａｃｅｂｏｏｋやׂＴｗｉｔｔｅｒ、ＩｎｓｔａｇｒａｍなどＳＮＳの活用は必須になります。

デジタルネイティブ世代は、学生時代からＳＮＳを活用しています。ＳＮＳを使い慣れているだけでなく、タレントから友達まで、ＳＮＳを幅広く見慣れているので、目がこえていてセンスがいいのです。センスがいいぶん、自社ブランドが発信するものに対しても、きちんとしたものをつくりたいと思う気持ちが強く、新しいものへのアンテナもしっかり張っているので、情報収集にも積極的です。

「最近の若い人は……」と思う前に、この若い世代だからこその能力に注目してみてください。自分たちとはスタート地点が違うデジタルネイティブたちの力を借りることが、デジタル領域におけるブランディングの人材不足を解決してくれるかもしれません。

優秀な実店舗のスタッフはデジタル領域でも強い

デジタルネイティブの新入社員ともう一つ、注目してほしい社内人材がいます。それは、実店舗のスタッフです。例えば、ラグジュアリーブランドのショップにいくと、ブランドのことを自分が創業者かのように熱意を持って説明しながら接客できる人がいます。そんなスタッフに話をされると、顧客も一気にテンションが上がり、買うつもりはなかったのに思わず買ってしまった、なんてことがあります。**意外かもしれませんが、実はこんな人材がデジタル領域の担当者として大活躍するケースが多いのです。**

実店舗を構える企業であれば、売上トップを誇る優秀なスタッフがいらっしゃるはずです。顧客と話すのが上手で、顧客が何を求めているのかを素早く察し、的確に商品やサービスのガイダンスができる。ブランドに愛着を持っている顧客の心を受け止め、満足のいく接客を行っているから、ＥＣ担当になればファンのつきやすいＥＣサイトをつくり、全体の売上の底上げをしてくれるのです。

SNSでは、顧客との交流を行いながら、自社のファンを増やしていくことができます。1章でも述べましたが、SNSではブランドの人格を表すようなコンテンツ、やりとりが求められます。SNSを訪れるお客様の気持ちに寄り添って、コメントを返し、仮にクレームがあればすぐに対応しなければいけません。誠心誠意で顧客に応えなければなりません。そこには自社の商品やサービスに対する愛があります。愛がなければ、厳しい実店舗での勤務をこなせないでしょう。

その点、販売の経験がある人は、実店舗で顧客の気持ちに寄り添っていますので、どんなふうに心を砕くと喜んでもらえるのかがわかります。さらには商品やサービスの知識がとても豊富です。顧客のリアルな声を一番聞いてもいるので、顧客の気持ちをよく知っていますし、その場で臨機応変に対応もする。まさに解決するというコンサルティング能力に優れています。

スタッフに、少しデジタル領域に興味がある人がいたら、「勉強会にちょっと参加してみない？」と声をかけてみるといいでしょう。

POINT

社内人材はデジタルネイティブと、優秀な実店舗のスタッフに注目しよう。

6 フラクタ流人材の育て方

サイトのリニューアルを二人三脚で

ＩＴ人材を採用しにくい、今すぐＩＴ人材を採用できない。そんな会社からの依頼を受けて、フラクタではプロジェクトリーダーとなる人や、制作チームのメンバーになる人を出向というかたちで受け入れ、研修も行っています。

研修では、Ｗｅｂ制作の実務と、ブランディングの知識、その両方が学べるカリキュラムにしていて、会社のサイトを立ち上げるといった実務をゴールにしていることから、社内人材を育てるためにご依頼をいただくことが多いのです。

個々の会社の状況を伺って、カリキュラムはカスタマイズしていますが、まずはブランドの歴史からブランディングとは何かに始まり、ＨＴＭＬとは何かといった本当に初歩の初歩から学んでもらいます。最終的にＥＣサイトのオープンがゴールであれば、フラクタが知識をレクチャーするだけではなく、実際に出向してもらった人が、自力でオープンできるように実践しながら、ゴールに向かいます。およそ3カ月から6カ月くらいの間で、出向者のレベルに合わせて、カリキュラムを組んでいます。

実際にサイトをオープンさせることができると、自信がつきますし、何よりも出向を終えて会社に帰ってから、大活躍できます。ＥＣサイトをつくった、という実績が残るので、出向から帰ってからの発言力が大きくなったり、社内で一目置かれる存在になる人も多いです。

実績をつくって自信をつける

デジタル領域に明るい会社ではない場合、プロジェクトリーダーはＩＴ技術にとりわけ強いわけでもないこともあり、過酷な状況からの船出となります。自信がないし、協力者も少ないという状況になりがちです。そういった状況で社内の調整に追われて疲弊し、職場を去っていくというプロジェクトリーダーが続出している中、フラクタの研修を受けた方は、誰も会社を辞めることなく、頑張っていらっしゃいます。とても嬉しいことです。

ＩＴ業界での経験が一切なくても、少しでも興味がある人ならばすぐに伸びます。特に若い人、デジタルネイティブ世代は一気に伸びます。その成長ぶりには、こちらが驚くくらいです。

サイトのオープンができるまでをゴールにすることで、自分たちでサイトを運用できるという自信がつけば、その後、延々と外注費を支払って運用し続ける、という発想にはなりにくいものです。運用中に、掲載内容を急に変更する必要が出てきたり、不具合が生じたりしても、対応できるようになります。長期的に考えれば、ある程度のレベルで内製できるほうが、コストを抑えられるのです。

POINT

目標は内製で自走できるようになること。
それがコスト削減につながり、無理のない、長期的な運用計画につながる。

7 ブランディングプロジェクトを成功させるチームのつくり方

プロジェクトリーダーの仕事を自覚する

何かトラブルが生じたときに対応できるよう、プロジェクトリーダーがある程度のITスキルを備えていたほうがいいことは間違いありません。だからといってプロジェクトリーダーが情報登録や更新業務にかかりっきりになることはよい状況であるとは思えません。

プロジェクトリーダーの仕事は、自分が手を動かすことよりも、ブランドの価値を高め、顧客との信頼関係を高める施策ができているかを確認しながら方針を決め、チームメンバーが手を動かしやすい環境を整え、事業を伸ばすことにあります。

ブランド構築という視点でいえば、ＥＣサイトやＷｅｂ領域以外の、パッケージや包装紙、広告、実店舗のリニューアル、社外イベントの企画といった、アナログ領域のことに対しても関与し、ジャッジをするという役割も増えていくでしょう。あらゆる部署と関わることになり、あらゆる部署から問題や課題が投げかけられます。ＥＣサイトがそれらすべてのことのハブとなって、最終的には**ブランディング全体を進める役割を担うことを念頭におきながら、プロジェクトリーダーの仕事を進めていきましょう。**

よいチームは誰に聞いても同じ答えが返ってくる

それでは、どんなチームになったら、会社のブランディングを担えるよいチームになった、と判断できるでしょうか。

フラクタでは、よいチームの判断基準を「誰に聞いても同じ答えが返ってくるチーム」としています。連携が取れていて素晴らしいなと思うチームは、質問をすると誰に聞いても１００％といっていいほど、同じ答えが返ってきます。

チームに必要な能力は、デザイン力、ライティング力、ＩＴスキルなどいろいろありますが、チーム単位でとらえたとき必要な能力は、大量の問題や課題に対して、答えを出し続けられるかどうかです。他部署や顧客、それから経営陣、四方八方から疑問や指摘が次々に飛んできます。それをいかにチーム全体で解決していって、私たちはこうだと明確に打ち出せるのかどうか。そのためには日頃からのコミュニケーションが何よりも大事です。

コミュニケーションコストを惜しまない

アナログ領域とデジタル領域、その両方を上手にシンクロさせ、顧客にブランド体験を提供していくには、部署間の情報共有は欠かせません。他部署の資産をどう活用できるのかを考えたり、横断的にプロジェクトを展開できたりするようになります。ECサイトに掲載するコンテンツづくりにも有効です。情報共有にはチャットツールやクラウドストレージ、グループウェア、その他のＷｅｂサービスといった便利なツールを活用しましょう。こうした**コミュニケーションコストを整えることに、時間とお金を使いましょう。**ツールの有効活用でチームビルディングを促進してください。

他部署が持つデータを収集したい場合は、なぜそのデータが必要なのかを明確に提示しましょう。ブランドの価値を高め、ブランドに愛着を抱く顧客を育てていくという目標のために、必要なものであることを伝えるべきです。

わかりやすい表現を使って解釈のブレを防ぐ

チームには、個性もスキルも社歴もまったく違うメンバーが集まってくることでしょう。しかし、さまざまなプロジェクトを円滑に進めていくためには、チーム内で同じ認識を持ち、同じ方向を見て進んでいかなければいけません。

これはブランドにおける情報発信とも共通しますが、言葉はちょっとした解釈の違いで、受け取り方が変わってしまいます。ですから、誰にとってもわかりやすい言葉を使って説明したり、資料に落とし込んだりすることが大事です。デジタルチームだからといって、ＩＴの専門用語を使う必要はありません。誰もが理解できる言葉であれば、専門用語は必要ないかもしれません。言葉選びは、クオリティが高すぎても低すぎてもダメ。すべてにおいてのバランス感覚が大事です。また、常にコンセプトに立ち返り、ブランドらしさを確認し続けることで、共通認識のレベルも高まります。

POINT

誰に聞いてもブランドに対して同じ答えが返ってくるチームづくりを。

8 失敗しても走り続けるリーダーシップ

プロジェクトリーダーは「出る杭」。打たれて当然

プロジェクトリーダーから「なぜあんなに反対されるのか」「会社にとってよいことだからやりたいのに、なぜ協力してくれないのか」といった声を聞くことがあります。

しかし、ブランディングに限らず、何か新しいことを始めようとしたときに、推進派と反対派で意見が分かれるのは当たり前のことです。今までブランディングが進まず、デジタル領域の拡充には消極的であったとすれば、なおのこと。プロジェクトリーダーは出る杭ですから、打たれるのは当然だと受け止めた上で、経営陣を説得したり、他部署に協力してもらうために、いろいろな戦術を使って体制を整えたりしなければいけないのです。その意味では少しばかり参考になるところがあったのではないかと思います。

喧々諤々と議論できるほうが、何もいわれず無視されるよりずっと健全です。最初から、うまくいかないことを前提とすれば、反論にも落ち込まずに済みます。

判断する速さとアウトプットの量

新しい試みには、常に問題や課題が付きまといます。「そんなことは想定していなかった」ということが次々に起こるでしょう。何が正しくて、何が間違っていたのか。Ｗｅｂサイトを立ち上げ、走り出したからこそ見えてくる課題もあれば、もう少し先まで走らないと判断できないこともあります。プロジェクトリーダーは、そうした**問題や課題が起きたときに、いったん止まってしまうのではなく、走りながら判断していくこと。それも、スピード感を持って対処していかなければいけません。**

決断疲れという言葉もあるように、難しい判断をするのは精神的にも大変に疲れるものです。頭を酷使し、疲労した状態では不適切な判断をしてしまうことも多くなります。適切な休息を取る、優先順位を決める、ルールで自動化するなど決断の量や質を高めるための工夫をしましょう。そうして圧倒的な質と量のアウトプットを行い続けることで、周囲の目は必ず変わってきます。

船長なら、引き返す勇気を持っておくことも大事

ブランディングを船と例えると、プロジェクトリーダーは大海原に漕ぎ出す船長です。大海原に浮かぶAという島を目指して進んでいくと決めたのですが、なんといってもそこは大海原ですから、いくら方位磁針を使って方位を確認していたとしても、途中でこの方位でよかったのかと不安になったり、進むべき方向を間違ったりします。しかし船長であるプロジェクトリーダーがブレないでいれば、霧が出ようが、嵐になろうが、冷静に対処しながら進んでいけます。間違ってBという違う島についてしまったとき、「まあいいか」ではなく、自分たちが目指しているのはAだよねと、方向転換できるでしょう。

今までの航海を振り返れば、微妙に方向が間違っていたときがあったはずです。間違った方向に進むにも船に燃料を投じたので、コストがかかっています。しかし、今までに使ってしまった費用の責任を認めることを恐れ、損したぶんを何とか取り返さなけ

ればと間違った方向に進み続けたくなってしまうこともあるでしょう。しかし、**ときには間違いを認め、コストが膨れ上がる前に引き返す潔さを持つことも、リーダーには必要な資質です。**

走りながら考えるブランディング

失敗してもいいから、常にアウトプットを続ける姿勢が大事。これはプロジェクトリーダーはもちろん、チームメンバーや他部署の人たちにもいえることです。

もう一つ、大事なのはきちんとコミュニケーションができていたかです、コミュニケーションができていなかったら、リーダーとしてベストな伝え方をメンバーにできていたか振り返ってください。失敗はプロジェクトリーダーである自分がすべて責任を持つからと、チームメンバーがチャレンジすることにブレーキをかけない。**失敗を恐れず、チャレンジし続けようとチームメンバーに積極的に声をかけられる人であってください。**

これまで、自社ブランドの魅力とは何か、どんな体験を通してそれを消費者に伝えていくのか、そのためにはデジタル領域で何を活用すればいいのかを考え、行動してきたはずです。ブランディングの中で見えてきた、ブランドのコンセプトが必ず行動指針として、デジタルチームを支え、方位磁石の役割を務めてくれます。そして一定の成果が見られるようになれば、会社自体が変わっていくでしょう。止まらず、常に考えて行動し続けてください。それこそが、ブランディングを成功に導く一番の方法です。

POINT

プロジェクトリーダーは出る杭。ブランドの価値に立ち返り、舵をきろう。

第5章

(対談)ブランドを成功に導く企業事例

5章では、実際にフラクタと共にECサイトのリニューアル、ブランディングに取り組んだ二社を事例として紹介します。

1 ツインバード工業×フラクタ

ツインバード工業株式会社は1951年、新潟県三条市でメッキ加工の下請け会社として産声を上げました。現在の家電メーカーに方向転換したのは2代目の野水重勝氏で、3代目にあたる野水重明代表取締役社長の舵取りで、リブランディングを進め、コーポレートサイトのリニューアルを積極的に進めていらっしゃいます。

社名の「ツインバード」には、「商品をお使いになるお客様と商品を創る私たちが常に一対の鳥でありたい」という気持ちが込められているそうです。商品開発の過程でお客様の声に耳を傾け、「こんな商品があったらいいな」という思いをかたちにしてきたそうです。

競争の激しい家電業界の中で、リーズナブルでありながら、独自性のある家電がお客様を熱狂させています。ファンイベントには毎年約2000人も集まるというツインバード工業のブランディングは、どのように築かれていったのでしょうか。商品開発部でプロダクトデザインを担当した後、営業企画本部でＥＣ担当チームのリーダーとして活躍する佐野隆純さんに話を伺いました。

PROFILE

ツインバード工業株式会社　営業企画本部　営業企画部　佐野隆純さん
２０１１年入社。入社後４年間は商品開発部でプロダクトデザインを担当。その後、営業企画本部に配属になり、ＥＣ担当チームのリーダーとしてホームページの管理、カタログやリーフレットなどの販促物の制作、社内イベントの企画運営など幅広く担当している。

商品開発からＥＣサイトのリーダーへ

フラクタ　河野　佐野さんがＥＣ担当チームのリーダーとして配属される前から、コーポレートサイトをＥＣサイトにリニューアルして、ブランディングを進めたいというご相談を御社から受けていました。ただ、リーダーになる人がいなかったんです。だから、佐野さんという適任が見つかったと聞いたときは、本当によかったなと思いました。

ツインバード工業　佐野　私はＥＣチームに配属される以前は、商品のデザインを担当していました。だからデジタル領域の知識は全然なかったんですよ。

河野　プロジェクトリーダーになる人に、デジタル領域の経験は必要ないと常にいっていますが、適任かどうかの判断基準は私なりにあります。佐野さんに初めてお会いしたときに、「この人は自分で考えて、行動できる人だな」と感じたので大丈夫だと思いました。というのもECサイトを立ち上げるときって、予算も人員も限られているから、自分たちであれこれ考えながら工夫して乗り切らないといけないことが多いんです。佐野さんは、入社してからずっと商品開発の担当で、細かく厳しい制約をかいくぐり、製品を世に送り出してきた人です。素地があると思いました。

佐野　ありがとうございます。

河野　それでフラクタに出向いただいて、デジタル領域の知識をレクチャーしましたが、技術的なことだけでなく、ブランディングとは何かについての話は特に力を入れました。佐野さんのように一定の勤続年数のある社員さんは、自社の素晴らしさに鈍感になっていることが多い。佐野さんも同様で、ツインバード工業（以下ツインバード）のよさが当たり前になりすぎていると感じました。

佐野　確かに他社と比べて、これが本当にツインバードの強みなのかと疑う気持ちもありました。そんな中で、出向中に河野さんが「自分のブランドを愛する」といわれたのが印象的でした。私もツインバードの製品を使っていますが、とても使いやすいし、開発者の想いがたくさん詰まっているなと感じます。そうした愛着が自分たちのブランドを愛するという気持ちにつながっていくんだなと実感できたのは大きかったです。

社員の顔が見えるコンテンツづくり

河野　ツインバードの販路の中心は量販店で、ＥＣサイトで製品を紹介することが取引先にとってもプラスにならなければと、とても慎重に考えていらっしゃいましたよね。そこに誠実さを感じたものの、ではどうすれば取引先にもプラスになって、かつ量販店にはないＥＣサイト独自の個性を出せるのか。考えた結果、単に製品を紹介するだけでは終わらないコンテンツの制作にたどり着いたことが、成功だったと思います。おもしろいのは、コンテンツの中で社員のみなさんの顔を出したことですね。

佐野　社員がプライベートで使っている自社製品の使い方を紹介する「季節ごとの提案」ですね。家電は季節商材的な要素がありますし、新製品が発売されたら、実際に使いたいという社員もいるので協力してもらっています。「季節ごとの提案」を制作したことで、社内にもよい影響がありました。制作していく過程で、「一緒に、つくる。お客様と。」というブランドプロミスが社員に浸透していったのです。他の社員もツインバードらしさを実感したのだと思います。

河野　ＥＣサイトがブランディングの要になったよい事例ですね。

佐野　これまで当社は、お客様の声に耳を傾けて、意見をいただいたらどんどん反映してニッチな製品を開発してきました。企画や開発を担う社員が多いので、自分たちですぐに試作品をつくって、試して、製品化できるというのがツインバードの強みです。また、他社にないニッチな製品を開発しているので代わりになるものが少ないため、部品交換などアフターケアも徹底しています。だから、お客様と密度の濃いお付き合いになることは当然であり、特別なことだとは思っていなかったんですね。ただ、そうしたツインバードらしさは社内でなんとなく共有されていました。はっきりと言葉にして発信していなかっただけなんです。

河野　そのとおりだと思います。ツインバードらしさを言語化したブランドプロミスにも象徴されますが、ツインバードは本当にお客様との交流に積極的ですよね。

佐野　例えばＦａｃｅｂｏｏｋは現在約３万３０００人のフォロワーがいますが、中には定期的にコメントを書き込んでくださる常連さんもいらっしゃいます。お客様との信頼関係を深めていけるツールとして、ＳＮＳでのコミュニケーションも大切にしています。ＥＣサイト内のコンテンツでいえば、お客様が当社の商品をどのように使用されているのかを、ご自宅で伺う「お客様のお宅訪問」も、お客様との接点になっています。

河野　ファンイベントもおもしろいです。

佐野　そうですね。２０１５年に体験型のショールーム「ツインバード日本橋ゲートオフィス」がオープンしてからは、商品体験会やファンイベントを開催し、今まで以上にお客様と触れ合える機会が増えました。営業担当者がきれいなオフィスで商談を進めやすくなったというメリットもあります。「一緒に、つくる。お客様と。」というブランドプロミスの打ち出しと、ＥＣサイトのリニューアル、そして東京に自社ビルを構えたタイミングが重なり、交流の場が自然に広がっていったという感じがあります。

河野　ツインバードのブランディングがうまく進んだのは、お客様ありきの姿勢を貫いてこられたからでしょう。ブランディングを進めることで、もともとあったつながりが、より太くなって、それがビジネスにも返ってきた。ブランディングとはまさに商売そのものです。

ブランディングから生まれたさまざまな変化

佐野　ブランディングしたことで、本当にさまざまなことが変化しました。例えばECサイトをリニューアルしてからは、ツインバードブランドのイメージを統一するという意味で、ECサイトを軸にさまざまなことを、判断しています。今はデジタル・アナログ関係なく、ブランドに関連するものは私が一通り目を通すようになりました。ECサイトとブランディングが連動していることで、そのリーダーが私だから声がかかるのかなと思ってはいますが。

河野　普通に考えれば、ECサイトを制作している人に、営業で使うツールやPOP、それから包装紙のデザインを依頼したりしませんよね。どの会社でも担当する部署が違うはずですし。でもECサイトがブランドステートメントになっているからこそ、その旗振り役である佐野さんが、ブランドのことを一番理解しているという共通認識になっている。でもそれは、他の社員さんもブランドの世界観やブランドが大切にしていることとを、きちんと反映させたいという思いがあるということの証です。私はブランディングが進んだことで、ツインバードの製品も変わったなと思いました。以前の製品づくりはお客様の声を聞いて、それを実現することに主眼が置かれていましたが、今は、お客様の声にも応えるけれど、そこにツインバードらしさという提案が入って、一歩踏み込んだ製品になっているように思います。

佐野　ブランディングを進めていく中で、改めて、ツインバードらしさって何だろうと考えたからだと思いますね。ブランドを見直したことで強みに気付けたというところが大きかったです。社長の野水が牽引役になって改革を進めているので、社内でも変わるんだという意識が共有しやすかったこともあります。それから採用にもブランディングのよい影響が出ています。アジアを中心としたグローバルなマーケットで戦える人材を確保・育成したいと考えているので、ＥＣサイト内にグローバルページを設けているのですが、そこで明確なメッセージを打ち出せるようになりました。

ブランディングは愛と理解

佐野　私一人ですべてを賄えるわけではないので、分担できるところは分担しています。例えばコーポレートサイトの場合は、私が今いる部署の中の商品プロモーションラインという部署になるんですけど、それとは別にオンラインリテールラインという部署もありまして、そちらのほうがオンラインストアを担当しています。システムを入れ替えたことで、業務の効率化も進みましたし、仕事を分担しやすくもなりました。これからも効率化を進め、新しいことにも取り組みたいと思っています。

河野　本当に理想的な流れですね。フラクタのような外部スタッフに過剰に依存してしまうと、ブランディングは失敗します。結局、最終的には社内にブランドを一番理解している人がいて、社内で運用していけるようにならないとダメなんですよね。研修制度で基礎的なことはお伝えしますが、それ以降は自分たちで考えたことを実現するために、技術的にどうすればいいのかとフラクタに相談いただけるようなパートナーシップが築けるとベストです。

佐野　それからブランディングの効果を数値で表すのは難しいので、例えばファンイベントにこれだけの人数のお客様がきてくださった、といったことをまとめたレポートを、ＥＣサイト内のコンテンツとして紹介することで、社内でも共有できるように活用していきたいと考えています。

河野　佐野さんのおっしゃるように、ブランディングそのものを効果測定するのは難しい。ただブランディングを進める上で、出てきたものを使うことにより、社内で動いている人たちのモチベーションを上げることなどには活用しやすいと思います。それから、ツインバードの営業担当者や、量販店など取引先の方々にＥＣサイトを見てくださいと。ここに製品の情報がたくさん掲載されているので、お客様に接客応対するときに武器として活用してくださいとお伝えすることもできます。この武器が増えるというのは、ブランディングの直接的な効果といえます。

佐野　なるほど。

河野　ここまで本当にスムーズに進んだなと感じていますが、世の中のリーダーたちは悩み苦しんでいます。佐野さんは大変だったことや、悩みはなかったんですか？

佐野　やることが多くて、もう一人自分がいればって思うことはありましたけど、仕事が辛いと思うことはなかったですね。何か話がかみ合わないなと思ったときは、すぐにその人のところまで行って直接話をすることでコミュニケーションを取りつつ、進んできましたから。

河野 ブランディングって理解だと思うんですよね。ブランドを理解するのもそうなんですけど、やっぱり理解できない人の気持ちを理解してあげるっていうのがすごく大事になってくる。そういう意味では、佐野さんがおっしゃったように、わからない人には、わかるまで懇切丁寧に説明することは疎かにしないほうがいい。ただ佐野さんは、かなり根性があるほうだと思いますよ。途中で挫折する人も少なくないです。やっぱり佐野さんのブランドに対する愛が強いからですかね。

佐野 ツインバードのことは、本当に好きです。

河野 佐野さんがフラクタに出向されて研修を受けにこられたときに、自己紹介で、「ツインバード工業の佐野です」といってくれたんです。それがすごくフラクタの中でも話題になりました。自分の会社の名前を、こんなにはっきり大きな声でいえるってすごいことだと感動したんです。これはとても大事なことだなと私たちのほうが気付かされた。それくらい愛が深い人がリーダーになったら、やっぱりブランディングは成功しますね。

日本橋ゲートオフィス

お客様のお宅訪問

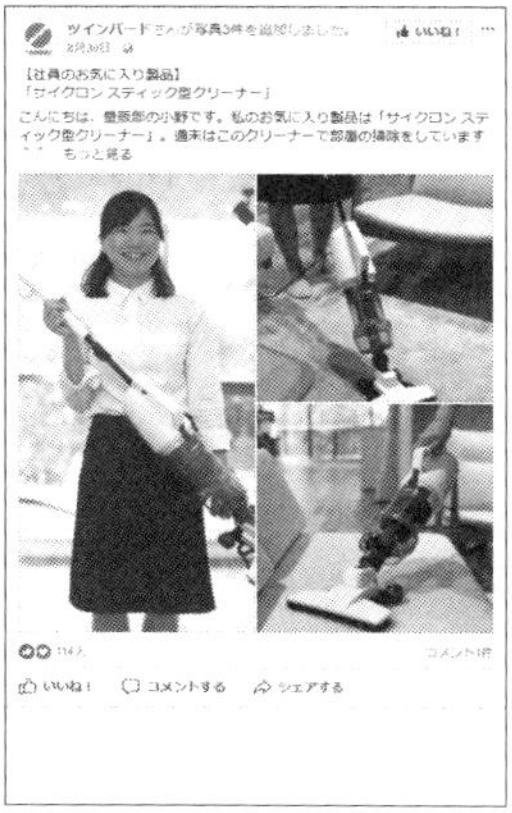

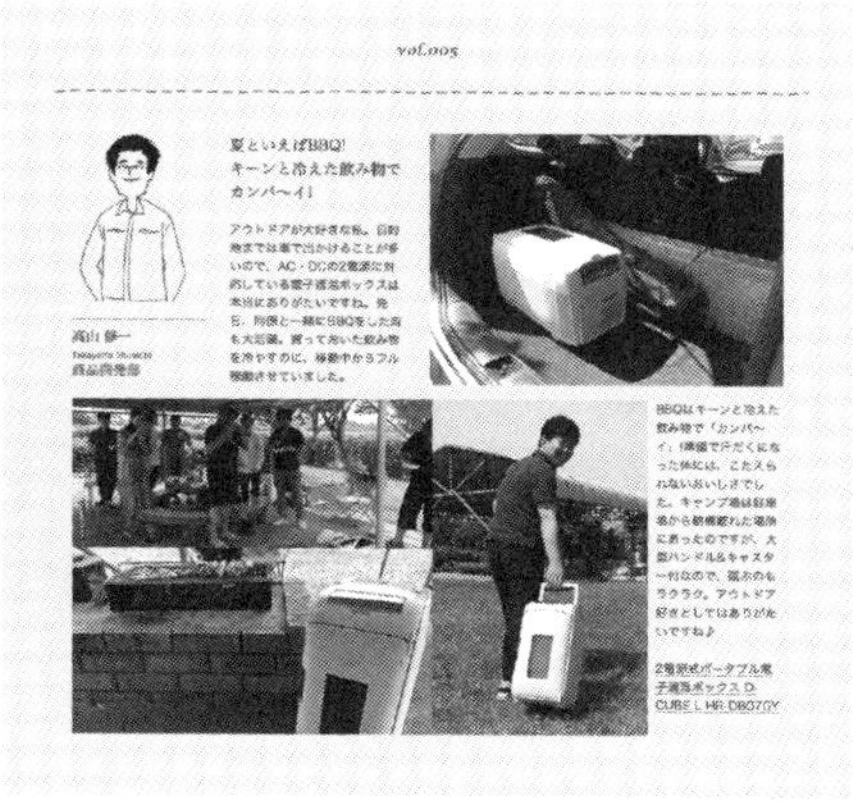

社員による自社製品のレポート

図14　ツインバードの取り組み

2 春華堂×フラクタ

春華堂は1887年に創業。静岡県浜松市を代表する老舗の菓子メーカーです。1961年に発売した「うなぎパイ」は、浜松土産の定番として愛され続けています。老舗でありながら、菓子の新しい文化とスタイルの発信に熱心な社風で、うなぎパイ発売53年を迎えた2014年には、スイーツのテーマパーク「nicoe」をオープン。さらに新ブランドとして、五穀をベースにした和菓子ブランド「五穀屋」とパイブランド「coneri」の2つを立ち上げています。同年、オンラインショップやブランドサイトをリニューアルすると同時に、スマートフォン用サイト（スマホサイト）も開設しました。ポイントが貯まる公式アプリを配信するなど、デジタル施策にも積極的です。

フラクタに相談が寄せられたのは2010年ごろ。ブランド発信の要となる、デジタル領域の担当者を採用・育成するために、フラクタが春華堂の取り組みに参画することになりました。経営管理室のメンバーである池田靖子さん、山口葵さん、大石さくらさんにお話を伺いました。

PROFILE

春華堂　経営管理室　課長　池田靖子さん
2015年入社。経営管理室内に置かれたEC担当チームのリーダーとして、Web上のコンテンツ制作におけるディレクションを担っている。

経営管理室　大石さくらさん
2014年入社。フラクタでの社内研修を経て、スマホサイトを構築。現在は「五穀屋」のECサイトを中心に、コンテンツの制作や更新を行う。

経営管理室　山口葵さん
2014年入社。フラクタでの社内研修を経て、スマホサイトを構築。現在は特集ページの企画や、デザイン、コーディングなど制作に携わる。

チームづくりの大切さを再確認

フラクタ　河野　フラクタにお声をかけていただいたときから、春華堂のビジョンというものはある程度固まっていました。しかし、ECサイトにおける継続的なブランディングを実現していくには採用から始めないといけないということで、大石さんと山口さんの採用面接にも関わらせてもらいました。それが２０１４年です。「五穀屋」「coneri」など新ブランドを立ち上げたり、お菓子の新しい文化とスタイルを提案するスイーツ・コミュニティ「nicoe」をオープンしたりしながら、リブランディングを一気に進めようとしているときでした。だからやることがたくさんあって、大変だろうなとは思ったのですが、お二人の面接のときに「楽しい仕事ですよ！」と強くプッシュしてしまった記憶があります（笑）。

春華堂　山口　そうでしたね（笑）。

河野　ＥＣチームに所属するならば、デジタル領域に明るい人をと思われるかもしれませんが、それ以上に重要なのは、春華堂のような地域密着型の老舗企業だからこその、地域の人にしかわからないブランドのよさや、長い月日の中で培ってきたコミュニケーションを理解していることです。ブランドとしてのコンセプトなどは完成されているので、春華堂の考え方に共鳴して、ブランドを愛してくれる人に来ていただくことが必須なんですね。お二人はデジタル領域未経験ということで、フラクタの研修を受けていただきましたが、ＩＴの知識は勉強すれば得られますから。

春華堂　大石　研修を受けて、技術的なことを覚えるのは当然だと思っていましたが、それよりも大変だったのは、ＥＣサイトとブランディングの関係がすぐに結びつかなかったことです。なぜサイトを制作するのに、ブランディングについて考えなければいけないのか、最初はピンとこなかったんです。でも研修が進んでいく中で、サイト自体がブランドを発信していく場所なのだということを理解し、ここで発信されたものはお客様に見られるので、ブランドの一端を担う場所として、情報発信なり表現なりをブランドに即して行わないといけないのだとわかるようになりました。

山口　ＥＣサイトというと見栄えというか、デザインをどうするのかに時間をかけていくイメージだったんですが、本当に大事なのは外身ではなく、お客様との関係をどのように築いていくのか、という中身のほうだということがよくわかりました。でも私たちだけでは、研修の最終目標であったスマホサイトを完成させることはできなかったと思います。フラクタさんが一緒に構築してくださったからできましたね。

河野　〝自分たちの力で〟スマホサイトをつくり上げることが研修を行う一番の意義でした。研修が終わって会社に戻られた後に、自分たちで運営できなければ、結局また外部に制作を依頼することになって、延々とコストが発生し続けることになります。コスト負担がＷｅｂサイトなどの運用をストップさせてしまうこともあるので、なるべくコストは最小限のほうがいいんです。現に今はお二人で自走できるまでになっていますよね。

大石　そうですね。池田が入社してからは、池田がデジタル領域全体のディレクション。そして私と山口が実務面を担当し、コンテンツ作成からバナーの作成、通販受注業務の運用やアプリの企画・運用まで行っています。

河野　デジタル領域で何が一番大事なのかというと、一定の頻度で、一定のクオリティを保ちながら、どれだけ発信し続けられるかなんですよね。でも、その多くが、途中でストップしてしまう。いろいろな理由がありますが、発信したことによりＳＮＳが炎上するのではとか、ダサいと思われるのでは、といったことが気になり始めて、更新しなくなるのも理由の一つです。だからお互いに支え合えるチームをつくっていくことがとても大事なんです。大石さんは職人的な思考があって、商品に寄り添った視点を持っています。山口さんはすごく客観的で、知らない人にも親しみやすい視点を大切にしている。お二人の視点が違うことでバランスがよいものになっている。こういう多角的な視点を持つという点から考えても、チームって本当に大事だなと思います。

春華堂らしさという感覚の共有

河野　春華堂はコンテンツにも地元らしさが表れていますよね。

山口　ＥＣサイトで配信しているマンガ「職人くんの日々」も静岡県出身の漫画家さんに描いていただいています。この「職人くん」はもともと、うなぎパイの中に入っているしおりなんです。それをＥＣサイトにも掲載したいと、制作を担当している広報部に相談して掲載しました。

河野　そうした連携は、どうやって決めているんですか？

大石　会議で情報を収集することが多いですね。何か気になったら、それは何ですかって聞いて、ＥＣサイトにも掲載できそうだぞと考えていきます。

河野　大石さんたちが入社された段階で、春華堂、それから新ブランドのコンセプトはできていましたが、他に春華堂らしさを掴むために活用されたものはありますか？

山口　私は他の社員にいろいろと話を聞きました。コンテンツの取材を兼ねて工場に行くことがあるんですが、そこで職人たちが本当に楽しそうに説明してくれるんですよ。

その姿を見ると、職人たちの姿を伝えなければと思います。職人のこだわりや、原材料へのこだわりなどを知り、うなぎパイだけじゃない春華堂を全国の方に知っていただきたい、召し上がっていただきたいという思いが強くなりました。自分が感じたことを、そのままコンテンツに生かしています。

大石　私の場合は、新卒入社だったので、入社してすぐに新人研修を受けたのですが、そこで教わったことが下地になりましたね。店舗研修でお客様と接したり、ベテランの販売員と話すことで学ぶこともありました。

河野　明文化されたコンセプト以上に、創業130年という歴史の中で共有された〝春華堂らしさ〟という感覚があるからこそ、コンテンツを内製し続けてもブレないんでしょうね。新ブランドに関しては〝春華堂らしさ〟に加えて「五穀屋のイメージはこんな感じ」「これはconeriっぽい」といった、運用が始まってからの気付きによって、それぞれのブランドらしさが固まっていったということもありますね。

山口　そうですね。その共有された感覚を言葉で説明するのは難しいのですが、他社のECサイトなどを参考にしながら、「この色合わせは五穀屋っぽいな」と感じたことなどを取り入れてみたり。いつも試行錯誤を繰り返しています。

春華堂　池田　私は二人よりも遅れて入社したので、新ブランドのＥＣサイトなどはすでに完成していて運用が始まっていましたが、春華堂らしさとか、そういったコンセプトへの理解を深めるために参考にしたのは、店舗のディスプレイと商品カタログですね。直営店舗が本社の近くにあるので、実際に店舗がどんな取り組みをしているのかを見に行って参考にしています。

チャレンジ精神旺盛な社風がデジタル領域を楽しくさせる

河野　春華堂は老舗企業でありながら、今までの既成概念にとらわれないし、チャレンジ精神が旺盛ですごいなと思います。デジタル領域の拡充にも積極的ですしね。

池田　先ほど話に出ました「職人くん」もそうですし、リアル店舗でポイントが貯まったり、ゲームができるアプリを企画・開発しました。こういう新しいものに挑戦していく姿勢はありますね。春華堂グループ全体にいえることなんですけど、ユニークさを大事にしていて、おもしろくて愛されるものをつくっていこうということに貪欲です。ただ、おもしろいってことも大切なんですけど、商品があってこそですから、デジタル領域で商品を紹介する際には、その商品のコンセプトや詳細をきちんと伝えることを常に意識しています。

大石　その公式アプリでは、「うなぎのばし」というゲームを配信していますが、ゲームということでいえば他にも何種類か候補があったんです。でも「うなぎのばし」が一番春華堂らしくていいということで選ばれました。当社の看板商品であるうなぎパイには、「夜のお菓子」という副題がついていますが、他にも「朝のお菓子『すっぽんパイ』」「昼のお菓子『しらすパイ』」、「真夜中のお菓子『うなぎパイV.S.O.P.』」といった姉妹品があります。これら商品の詰め合わせを「お菓子のフルタイム」として販売しているんですが、こういう少しひねった、クスッと笑えるようなユニークさがある会社なので、経営陣も、ちょっとひねったユニークさみたいなのを求めているところがありますね。だから、ECチームもいろいろなことにチャレンジしやすいと思っています。

河野　その一方で、他部署の方たちからは、「ECサイトチームは何をするんだろう？」と思われているということも感じていらっしゃったとか。

池田　新しくできた部署でしたし、デジタルに明るい社員もいなかったので仕方がないと思います。上層部はデジタル領域を拡充して、ブランディングを進めたいという強い思いを持っていましたが、社内に浸透するには多少の時間は必要だったと思います。「ECサイトって何？」という疑問を持った人たちにも理解してもらうことが大事だと思ったので、各部署の社員が集まるような会議の場で、私たちが何をやっているのかを話し、常に情報発信を続けてきました。1年以上経ったあたりから、私たちが何を目的に動いているのかがわかってもらえるようになりましたね。

河野　経営陣の理解があったとしても、社内に対して啓蒙活動をすることが本当に重要ですね。デジタル領域の拡大もブランディングも理解がないと進みません。でも、そうした啓蒙活動ができるというのは、社内の風通しのよさとも関係してくる。老舗企業でありながら、若い企業のような柔軟さがあるということだと思います。

人を集める、人を育てるECサイトに

山口　ECチームの体制が整ったので、今後の課題としては、コンテンツをいかに継続して発信し続けていくのかと、売上にどうつなげていくかが課題ですね。「五穀屋」や「coneri」という新ブランドのECサイトから情報を発信し、うなぎパイに続く商品を

育てていくことに貢献できたらいいと思っています。

池田　春華堂は店舗の販売力がすごいんです。地域に根付いた商売をさせていただいているので、うなぎパイを全国展開するのではなく、浜松市に来た際のお土産として買っていただきたいということもありますし、繊細なうなぎパイは輸送時に割れやすく配送に不向きだということもあります。ですから、主力商品であるうなぎパイはWebでの販売はしていません。そのぶん店舗と比べたらオンラインショップの売上はわずかです。それでもECサイトをリニューアルしたことで、売上は倍に伸びています。それは一つの成果ですが、これは私たちの力だけではなくて、メディア対応や催事といった他部署との連携や、店舗スタッフによるこまめなSNS更新があってこそだと思います。製造・出荷部門からのECに対する社内理解を得られたことも大きな要因です。

大石　私は五穀屋のECサイトで、「五のことづて」というコンテンツを制作しています。もともとは五穀屋のコンセプトに通じる五穀や発酵にあまり詳しくなかったんですけど、もっとコンテンツの内容を充実させたいと思って、雑穀エキスパートの資格を取りました。新しいブランドだからこそ、ECサイトでブランドの歴史などが全部わかるようにしたいと思っているんです。

池田　「五のことづて」は、新入社員が入ってきても、ＥＣサイトを見れば五穀屋のすべてがわかるというような社員教育の素材としても使えるようにしたいという考えからスタートしています。先ほど少し話しましたが、私は二人よりも少し遅れて入社しました。春華堂に来るまでは東京で働いていて、偶然にも春華堂のイベントを見学する機会がありました。老舗なのに変わったことをやっているなと思いました。そしてＥＣサイトを見たら、サイトのつくり方自体も新しいし、新しいブランドを立ち上げたり、イベントを実施したり、老舗っぽくないというのか、歴史は感じるんだけれど、新しいことにどんどん取り組んでいる姿勢が伝わってきました。ブランディングされたＥＣサイトには、そういう力があるんですね。

河野　そうなんです。大石さんと山口さんが作成したＥＣサイトをご覧になって入社を決めて、一緒に働いているってすごいことですよね。でもそれは春華堂がちゃんとブランディングできているということ。ＥＣサイトがブランディングの要をちゃんと担っているってことだと思います。ブランディングが進むと人が集まるっていうのは、まさにこういうことですね。ブランディングは、商品を売るだけでなく、会社のさまざまなことに効果を発揮するんです。

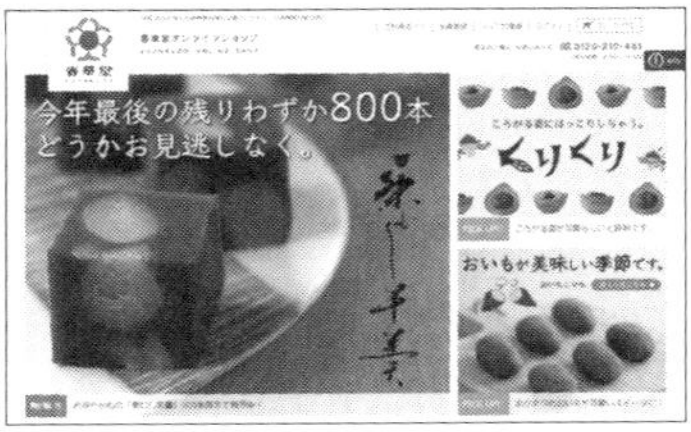

春華堂ブランドサイト（左）、ECサイト（右）

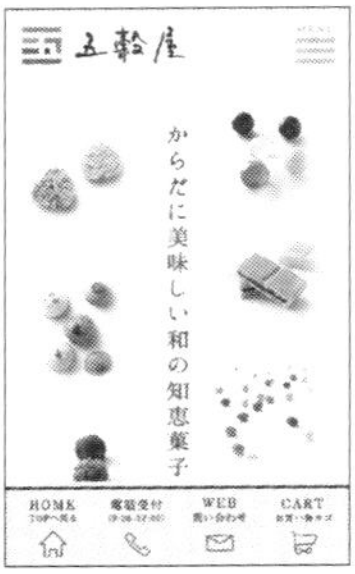

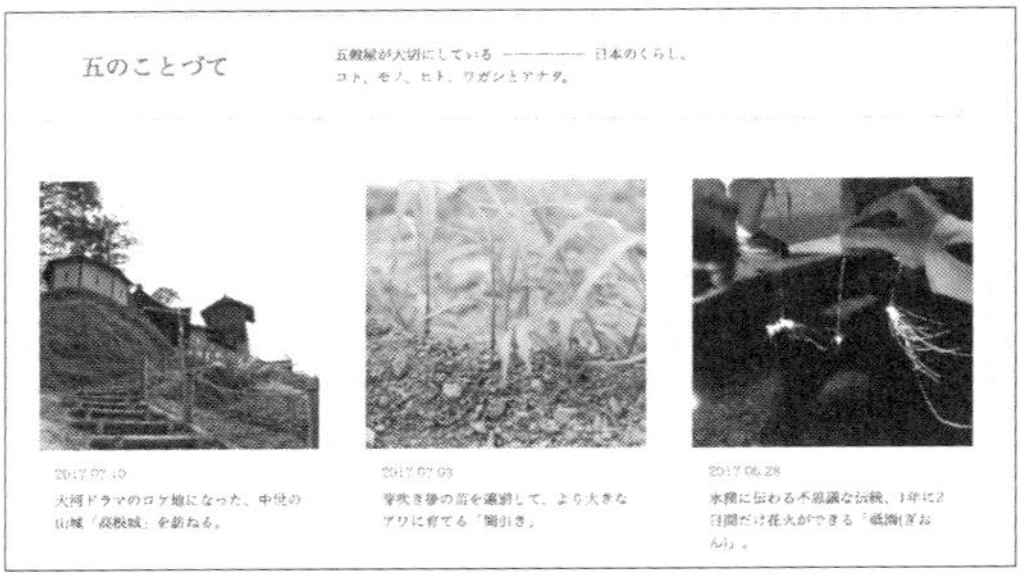

五穀を使った菓子を展開するブランド「五穀屋」のブランドサイト（左）、
サイト内コンテンツ「五のことづて」

「うなぎパイ」の包装箱に同梱されているマンガ「職人くんの日々」、Webサイトでも閲覧できる

公式アプリでは、店舗のイベントや商品情報を閲覧できる他、ゲーム「うなぎのぼし」も人気

図16　春華堂のデジタル領域の取り組み

おわりに　Branding as a Service

フラクタの代表取締役である河野貴伸と、中心メンバーであるディレクターの松岡芳美は、高校の軽音学部の先輩・後輩として知り合いました。

松岡から見ると、「マニアックなオタク男子」だったという河野は、子供のころから自宅にパソコンがあるという環境で育ったので、遊び感覚でパソコンになじみました。その当時の夢は、デザイナーとエンジニアの両方になること。さらに、ミュージシャンにもなりたいと思っていたそうですが、「全部は無理」と周囲の目は冷ややかだったとか。しかし河野は、「テクノロジーという武器があれば何でもできる」と思っていたそうです。

そんな河野は独学でパソコンを使いこなすようになり、アルバイトが禁止だった高校時代からWebサイトを制作することで小遣い稼ぎを始めます。最初の顧客は、河野が当時通っていた美容室です。「Webサイトつくりますよ」と自ら売り込みをかけ、自分で制作する。営業・エンジニア・デザイナーと、何役も一人でこなしていましたが、Webサイトを制作したことで、周囲の人の役に立ち、対価を得たことが嬉しかったそうです。

そんな河野に誘われるかたちで、松岡は手伝いを始め、最終的にフラクタの前身にあたるフルブライトの立ち上げメンバーになります。そして、「ブランディングとは商売の真髄であり、企業が生き残るための戦略そのものである」というフラクタ流のブランディングに対する考え方、さらに「自分は、何も極められないタイプ。だからこそ人の力を引き出したり、増幅させたり、人と人をつなげるのが役割だと思うようになった」という河野の考え方からフラクタ流のチームビルディングがかたちになっていきます。フラクタ自体は若い会社ですが、信頼できるプロフェッショナルな仲間たちと一緒に、自分たちが信じるものを追いかける、ということをずっと続けてきたのです。

もしも河野や松岡が、ＩＴ系の有名な会社で働いた後で起業に至ったとしたら、フラクタのビジネスモデルは違うものになっていたのかもしれません。

世の中のあらゆることが、非常に早いスピードで変わっていきます。フラクタが身を置くＩＴ業界自体がスピードを求められる業界であり、システムやトレンドは、日々変化し続けています。このスピード感についていくのは、簡単なことではありませんし、よくも悪くも私たちが振り回されそうになるほどの大きな力を備えています。

ですが、ブランディングにおいて必要なサービスを最適化して提供する、「Branding as a Service」という私たちフラクタの本質は、何も変わらないと思うのです。

「Branding as a Service」という言葉はフラクタがつくった造語です。これは「Software as a Service（ソフトウェア・アズ・ア・サービス）」という言葉を、ブランディングに置き換えたものです。

「Software as a Service」、通称「SaaS（サース）」とは、必要に応じてクラウドでアプリケーションを提供するサービスです。こんなサービスを使いたいという希望に合わせて、最適なアプリケーションを自由に選択して、組み合わせていくことができます。利用する側は、自分たちでシステムを丸ごと購入しなくてもいいし、アプリケーションも必要なものだけ選べるので、低コストというメリットを得られます。ビジネスを小さく始めて、規模が大きくなった段階でサービスをカスタマイズしていけばいいので、低リスクというメリットも得られます。

フラクタのサービスも、この「SaaS」にとてもよく似ていると思っています。

自分たちのブランドを確立しようと、各社がそれぞれに努力し、ブランディングを進めています。一見、完璧にブランディングされているようでも、すべて完璧といえる会社はゼロに等しく、アナログ領域でのアプローチはできているけれど、デジタル領域は全然手がつけられていないなど、どの会社も一部はできていて、一部が抜けている状態であることが大半です。

一部が抜け落ちてしまうのは、それほどブランディングが大きな取り組みだからなのでしょう。本書の冒頭でも「ブランディングとは商売の真髄であり、企業が生き残るための戦略そのものである」とお伝えしましたが、ブランディングはビジネスの成否を左右します。それほど大切なことだからこそ難しく、かつこれをやれば終了というゴールがありません。全部のサービスを受ける必要はないけれど、抜け落ちた部分を補えば、ブランドがより強固なものになるという会社が大半だとするならば、ブランディングも「SaaS」のように、ブランディングの必要な部分だけを補ってもらえるような形でサービスを受けるべき。いや、これからの時代は、そうしたサービスこそが求められるはずだと考えたのです。

フラクタはクライアントに求められるところだけお手伝いすればいい。テクノロジーの力を借りて、工夫すべきところだけをお手伝いするという、自由な「Branding as a Service」を提供することで、クライアントと二人三脚で歩んでいきたいと願っています。

デジタル領域とアナログ領域の両輪でブランドの魅力を伝える体験を設計できたら、自社の商品を愛してくれる顧客がもっと増えるはずです。デジタルを通じた顧客との交流は、店舗などリアルな場と比較し、温かみがないといわれることもありますが、フラクタがお手伝いさせていただいたクライアントのECサイトやSNSは、見ているこちらがほっこりするような顧客とのコミュニケーションであふれています。

ブランディング活動を進め、会社の方向性がより明確になったことで、社内の団結力が高まったり、一緒に働きたいというブランド愛を持った人が集まってきたりと、社内の雰囲気まで変わっていく様子を私たちは目の当たりにしてきました。

これからAIなど新しいテクノロジーが次々に生まれ、働き方や商売の方法に変革を与えたとしても、ブランディングが企業の中心にあるということは、これから先も変わらないし、何が正解なのかと悩む企業を支える軸になる、とても本質的なことだと信じて疑いません。

フラクタはこれからも、デジタル領域の拡大、そしてブランディングを推進するプロジェクトリーダーのみなさんと企業を、精一杯応援し続けます。何か困ったことがあったら、ぜひフラクタにご相談ください。

2017年11月

株式会社フラクタ

参考文献・資料

・ナンシー・ケーン著，樫村志保訳『ザ・ブランド 世紀を越えた起業家たちのブランド戦略（Harvard Business School Press）』翔泳社　2001年

・A・D・チャンドラーJr.著，鳥羽欽一郎，小林袈裟治訳『経営者の時代 上，下―アメリカ産業における近代企業の成立』東洋経済新報社　1979年

・杉山伸也『日本経済史 近世-現代』岩波書店　2012年

・経欧史学会編『経済史を学ぶ―工業化の史的展開』学文社　2007年

・関口尚志，道重一郎，梅津順一編『中産層文化と近代―ダニエル・デフォーの世界から』日本経済評論社　1999年

・鈴木康治『消費の自由と社会秩序―18世紀イギリス経済思想の展開における消費者概念の形成』社会評論社　2012年

・弓削尚子『啓蒙の世紀と文明観 (世界史リブレット)』山川出版社　2004年

・常松洋『大衆消費社会の登場 (世界史リブレット)』山川出版社　1997年

・内田成『見栄と消費』学文社　2011年

・田村正紀『消費者の歴史 ― 江戸から現代まで』千倉書房　2011年

・クレイトン・クリステンセン著，玉田俊平太監，伊豆原弓訳　『イノベーションのジレンマ―技術革新が巨大企業を滅ぼすとき (Harvard business school press)』翔泳社; 増補改訂版　2001年

・マックス・ウェーバー著，中山元訳　『プロテスタンティズムの倫理と資本主義の精神 (日経BPクラシックス)』日経BP社　2010年

・ベンジャミン・フランクリン著，ハイブロー武蔵訳　『若き商人への手紙』総合法令出版　2004年

・アダム・スミス著，村井章子，北川知子訳『道徳感情論 (日経BPクラシックス)』日経BP社　2014年

・小林章夫ほか『クラブとサロン―なぜ人びとは集うのか (BOOKS IN・FORM)』NTT出版　1991年

・鈴木良隆，武田晴人，大東英祐著『ビジネスの歴史 (有斐閣アルマ)』有斐閣　2004年

・和辻哲郎『風土―人間学的考察 (岩波文庫)』岩波書店　1979年

・和辻哲郎『日本倫理思想史（一）（岩波文庫）』岩波書店　2011年

・和辻哲郎『日本精神史研究 (岩波文庫)』岩波書店　1992年

・川島武宜『日本人の法意識 (岩波新書 青版A-43)』岩波書店　1967年

・川田順造編『文化としての経済 (シリーズ国際交流)』国際文化交流推進協会　2001年

株式会社フラクタ

デジタルを得意とするブランディングエージェンシー。ECサイトの運用担当者、マーケティング担当者、ブランドマネージャーなど、ECに関わる人全員のために作ったEC・CMSサービスのFRACTA NODE（フラクタ・ノード）を開発・販売する。株式会社フルブライト内のFRACTA担当チームがスピンアウトし、2013年11月に設立。企業のEC構築・運用支援や、それに関わる人材育成、およびブランディングなどを手がける。

ECサイト×ブランディング

発行日　2017年11月1日　初版
著者　株式会社フラクタ
発行者　東英弥
発行所　株式会社宣伝会議
〒107-8550
東京都港区南青山3-11-13
TEL. 03-3475-3010（代表）
http://www.sendenkaigi.com/

装丁
本文デザイン　星陽介（Hoshi Design Station）
印刷・製本　中央精版印刷株式会社

ISBN 978-4-88335-414-6　C2063